Theodor Oberländer

Der Osten und die Deutsche Wehrmacht

Sechs Denkschriften aus den Jahren 1941-43 gegen die NS-Kolonialthese

Herausgegeben von der
Zeitgeschichtlichen Forschungsstelle Ingolstadt

MUT-Verlag ASENDORF

Die Bände der ZEITGESCHICHTLICHEN BIBLIOTHEK
werden von der Zeitgeschichtlichen Forschungsstelle Ingolstadt
herausgegeben. Sie erscheinen im
MUT-Verlag * Postfach 1 * D-2811 Asendorf * Tel.: 04253/566

1987

Satz und Gestaltung: Wintzek-Offsetdruck
Druck und Bindearbeit:
Enger GmbH, Willich 2
Printed in Germany
ISBN 3-89182-026-7

Inhalt

Vorwort des Herausgebers

Der hier vorgelegte 2. Band der ZEITGESCHICHTLICHEN BIBLIOTHEK beschäftigt sich wie der erste („*Botschafter Graf Schulenburg — der letzte Vertreter des Deutschen Reiches in Moskau*" von Botschaftsrat a.D. Dr. Erich F. Sommer) mit der Geschichte des Krieges gegen Sowjetrußland.

Bekanntlich hatten führende Diplomaten und Militärs vor dieser Auseinandersetzung gewarnt, da sie auf Grund historischer Erfahrungen befürchteten, daß sich daraus eine für Deutschland und Europa verhängnisvolle Entwicklung ergeben könnte.

Das Bemühen, eine solche Katastrophe größten Ausmaßes zu verhindern, kennzeichnete das Wirken des Botschafters Graf Schulenburg ebenso wie das des Admirals Canaris, der als Chef der Abwehr im Oberkommando der Wehrmacht (OKW) immer wieder einen mäßigenden Einfluß auf die Ostpolitik und die Kriegsführung Hitlers auszuüben versuchte.

Erst im Verlauf des Ostfeldzuges, der vor dem Hintergrund der Kämpfe im Baltikum und der Revolution in Deutschland 1918/19 vom deutschen Volk als schicksalhaft empfunden wurde, zeigte sich die bestürzende Gleichartigkeit der Diktatoren Stalin und Hitler, nämlich ihre menschenverachtende Machtbesessenheit und ihre gleichsam satanischen (Ver-)Führungskünste.

Der Krieg im Osten entartete zu einem, jedem göttlichen wie menschlichen Gesetz Hohn sprechenden Ringen auf

Leben und Tod, in dem Hitler in seiner hybriden Verblendung das Schicksal des deutschen Volkes mit seiner eigenen Person gleichsetzte.

Die Deutschen erkannten diese tragische Verstrickung zu spät, wenn sie sie überhaupt bei ihrem damaligen Informationsstand in voller Schärfe erkennen konnten. Zitierte doch Sebastian Haffner in seinen bemerkenswerten „*Anmerkungen zu Hitler*" vor knapp zehn Jahren wörtlich die Feststellung von Joachim C. Fest: „*Wenn Hitler Ende 1938 einem Attentat zum Opfer gefallen wäre, würden nur wenige zögern, ihn einen der größten Staatsmänner der Deutschen, vielleicht den Vollender ihrer Geschichte zu nennen. Die aggressivsten Reden und ‚Mein Kampf', der Antisemitismus und das Weltherrschaftskonzept wären vermutlich als Phantasiewerk früher Jahre in Vergessenheit geraten ... Sechseinhalb Jahre trennten Hitler von diesem Ruhm*" (Fest „*Hitler*", S. 25).

1941, dem Jahr des deutschen Angriffs auf die Sowjetunion, waren die meisten Deutschen noch des Glaubens, in Hitler, der sich zu jener Zeit offenkundig auf dem Höhepunkt seines politischen und militärischen Erfolges befand, einen Staatsmann vor sich zu haben, der rechtlichen, politischen und militärischen, aber auch humanen Argumenten zugänglich sei — ähnlich wie die westalliierten Politiker bis in die späten vierziger Jahre hinein Stalin voll vertrauten.

Unter dieser Voraussetzung und in dieser Annahme versuchte Admiral Canaris, der seit 1935 die Abwehr leitete, Hitler von der Notwendigkeit zu überzeugen, in den Völkern Osteuropas politische und militärische Kräftepotentiale zu sehen und sie für Deutschland zu gewinnen. Dabei trat Canaris der Politik Hitlers zunehmend entschiedener entgegen, je länger der Krieg im Osten dauerte. Ein Widerstand, den er bekanntlich im Sommer 1944 mit seiner Verhaftung und im April 1945 mit seinem Tod bezahlte.

Um das Ziel zu erreichen, nämlich die vom Sowjetsystem unterdrückten Ostvölker zu gewinnen, gehörte nach Ausweis der hier vorgelegten Denkschriften Theodor Oberländers die *„restlose Aufgabe der (in der Tat durch nichts begründeten) Auffassung, daß die Ostgebiete nur von ‚unterwertigen' Menschen bewohnt seien und daher im Kolonialstil des 19. Jahrhunderts regiert werden können"* (Sechste Denkschrift/ 4 a/ S. 121). Hauptquelle der Fehleinschätzung sei *„eine materialistische Auffassung der Rassenlehre, die zudem für die Völker Osteuropas über sachlich und wirtschaftlich unzureichende Beurteilungsgrundlagen"* verfüge (V/ 18 a/ S. 114). Es sei politisch verhängnisvoll und sachlich unbegründet, *„die Slawen als rassisch minderwertige Heloten anzusehen. Auf dem Boden Osteuropas* (sei) *für Kolonien und koloniale Ausbeutung heute kein Platz mehr"* (V/ 17/ S. 114). *„Deutschland und sein Kontinent sind nicht zu trennen ... Die Ungunst der deutschen Lage besteht darin"*, so heißt es in Theodor Oberländers Denkschriften weiter, *„daß wir im Verlauf weniger Jahre, geschichtlich gesprochen also gleichzeitig, zwei sich praktisch ausschließende Aufgaben in Angriff zu nehmen* (haben): *einmal die Schaffung Groß-Deutschlands, durch die sich naturgemäß alle unmittelbar betroffenen Völker ablehnend und viele andere mißtrauisch uns gegenüber einstellen; zum anderen die Einigung Europas, für die wir dieselben Völker als Bundesgenossen für uns zu gewinnen suchen ... Flucht vor dieser Aufgabe wäre Verrat nicht nur an Europa, sondern auch am eigenen Volke. Denn das zur Führung berufene Volk, das sich seiner Aufgabe zu entziehen sucht, geht, wie das Beispiel der griechischen Staaten* (der Antike) *zeigt, in geistiger und politischer Bedeutungslosigkeit unter"* (V/ 3/ S. 109).

Canaris stützte sich bei seinen Eingaben an Hitler, den sogenannten *„Führervorlagen"*, aber auch in persönlichen Gesprächen mit ihm — soweit sie diese Probleme betrafen — auch auf die Denkschriften des Oberleutnants bzw. Hauptmanns der Reserve, **Prof. Dr. Dr. Theodor Oberländer** und dessen Arbeitsgruppe, die letztlich im Auftrag des Abwehr-Chefs entstanden waren. 1940 Dekan der Universität Prag, hatte der Staatswissenschaftler (Nationalökonomie und Landwirtschaft) Theodor Oberländer (Jahrgang 1905) zuvor in Königsberg, Danzig und Greifswald gelehrt. Er war auf Grund ausgedehnter Studienreisen (1929, 1930, 1932 und 1934, vorwiegend als landwirtschaftlicher Berater, z. B. für den Sojabohnenanbau im Kaukasusgebiet) ein ausgewiesener Kenner der Sowjetunion. Oberländer galt als einer der entschiedensten Verfechter des Gedankens, das sowjetische Regime mit Hilfe von Freiwilligenverbänden aus der unter dem Stalinismus leidenden Bevölkerung zu bekämpfen.

Oberländers Beurteilungen und dienstliche Vorschläge, wie sie in den Denkschriften niedergelegt sind, stellen eine wertvolle historische Quelle dar und beweisen, mit welchen Vorstellungen die Deutsche Wehrmacht den Feldzug gegen Sowjetrußland zu führen gedachte. Doch es gelang nicht, die zunehmend ideologisch bestimmte Sperre im Denken Hitlers aufzubrechen. Selbst die fast verzweifelt klingenden Appelle an Hitler als den *„Führer"* und sein *„staatsmännisches Genie"* (V/ 2/ S. 108) fanden kein positives Echo.

Nach einer der ZEITGESCHICHTLICHEN FORSCHUNGSSTELLE vorliegenden eidesstattlichen Erklärung eines engen Mitarbeiters des Admirals Canaris war es dem Chef der Abwehr *„nach langen und schweren Bemühungen Ende März/Anfang April 1943 gelungen, Hitler eine Denkschrift zu überreichen, die der damalige Hauptmann Dr. Theodor Oberländer am 15. März 1943 unter dem Titel ‚24 Thesen zur Lage' verfaßt hatte. In dieser Denkschrift hatte Oberländer die deutsche ‚Ausbeutungspolitik' in den besetzten Ostgebieten scharf kritisiert und die Notwendigkeit einer die Menschen und Völker dieses Raumes* *achtenden Bündnispolitik im gemeinsamen Kampf gegen den Bolschewismus und den russischen Imperialismus in schonungsloser Offenheit dargelegt. Hitler habe einige Zeit in der Denkschrift geblättert und gelesen und sei danach aufgebraust. In seiner Arroganz habe er ihn, Canaris, ‚heruntergeputzt' und ‚fertiggemacht'. Canaris solle doch endlich mit diesem Unsinn aufhören. In seinen, Hitlers, Augen seien die Russen eine Art von Negersklaven. Canaris solle nicht versuchen, nochmals mit diesem Blödsinn bei ihm vorstellig zu werden. Er, Hitler, lasse sich nicht von Oberländer belehren. Canaris*", so der enge Mitarbeiter des Admirals weiter in seiner Aussage, „*überreichte mir damals eine Abschrift dieser Denkschrift mit der Aufforderung, mir einmal die Thesen ‚unseres Luthers' anzuschauen, der furchtlos für die Gerechtigkeit eintrete. Canaris hatte die größte Hochachtung vor Oberländer und machte sich Sorgen um ihn, weil ihm bekannt geworden war, daß eine Clique ihn sang- und klanglos beseitigen wollte. Wie mir Canaris weiter mitteilte, war er vorher schon einmal Oberländers wegen bei Hitler gewesen ... Damals sei Hitler zugänglicher gewesen, habe aber versucht, alles zu entkräften und sei schließlich bei einer ablehnenden Haltung geblieben ... Canaris sagte mir (im Dezember 1943), er habe noch einige Male versucht, bei Hitler wegen der Denkschriften vorstellig zu werden. Er sei aber bei diesen Versuchen nicht über einen SS-Offizier hinausgekommen, dem er Oberländers Denkschrift vom 22. Juni 1943 ‚Bündnis oder Ausbeutung' überreicht hatte ... Von (Oberst Georg Alexander) Hansen erfuhr ich auch, daß Canaris wegen der Denkschriften Prof. Oberländers bei Hitler in Mißkredit gefallen war ...*"

Heute ist bekannt, daß auch andere einflußreiche Militärs der Kolonialthese Hitlers entgegengetreten waren. Selbst Rosenberg, der Chefideologe der NSDAP, rückte von ihr ab.

Im Februar 1943 hatte sogar Joseph Goebbels in seiner Eigenschaft als Reichspropagandaleiter der Partei dem Inhalte nach die in den Thesen Oberländers (und anderer) enthaltenen Erkenntnisse übernommen.

Der „*Reichsführer SS und Chef der deutschen Polizei*", Heinrich Himmler, verfügte unter dem 20. Februar 1943, diese „*Bekanntmachung des Reichspropagandaleiters ... strengstens zu befolgen*". Diese Geheimverfügung Himmlers ist im ANHANG III abgedruckt, vermutlich zum ersten Male. Sie stellt eine historische Quelle hohen Ranges dar, die noch der gründlichen Auswertung bedarf.

Doch selbst diese Maßnahmen, die vielleicht nur vordergründig propagandistische Ziele verfolgten, änderten nichts mehr. Sie kamen zu spät und wurden obendrein auch kaum von den „*Reichskommissaren*" der besetzten Ostgebiete befolgt.

Oberländer wurde auf Drängen des „*Reichsführers SS*" Ende 1943 aus der Wehrmacht entlassen und in Prag „*in Stadtarrest*" genommen (vgl. Nachwort). Seinen Denkschriften blieb der entscheidende Erfolg versagt. Das Verhängnis nahm seinen Lauf.

Gleichwohl verdienen sie von der Nachwelt notiert und gewürdigt zu werden und sind zu diesem Zweck in die ZEITGESCHICHTLICHE BIBLIOTHEK der ZFI aufgenommen worden.

Ich danke unserem Mitglied und freien Mitarbeiter Karl-Theodor Kieser, der die Betreuung dieser Reihe übernommen hat, für seine vorzügliche Arbeit an diesem Band, den ich allen Fachkollegen und geschichtlich interessierten Lesern empfehle.

Ingolstadt, im Mai 1987

Dr. Alfred Schickel
Leiter der Zeitgeschichtlichen
Forschungsstelle Ingolstadt

Einführung in die erste Denkschrift

Am 22. Juni 1941 hatte der Rußlandfeldzug begonnen. Die deutschen Truppen standen Anfang Oktober '41 vor Leningrad, hatten Smolensk und Kiew genommen und waren im Süden im Vormarsch auf Charkow und die Krim begriffen.

„Am 14. Oktober 1941 wurde ich beim Armeeoberkommando XVII (AOK XVII) in Poltava gefragt, ob ich bereit sei, die Führung eines kaukasischen Freiwilligenverbandes zu übernehmen. Man fragte mich auf Grund meiner verschiedenen früheren Kaukasienreisen und meiner Erfahrung mit Freiwilligen im Osten. Für mich war Voraussetzung, daß den Angehörigen fremder Völker bei gemeinsamem Einsatz mit voller Achtung ihrer Eigenständigkeit begegnet werde; dem entsprach die Auffassung von Abwehr II; Admiral Canaris stand dafür" (*„ERINNERUNGEN an den Sonderverband ... BERGMANN"*, Hg. Heinz Beher, 8033 Krailling b. M., 1983, S. 17; künftig zitiert als *„Erinnerungen SV Bergmann"*).

„Nach Vorstellung des Oberkommandos der Wehrmacht (OKW) sollte der Sonderverband Bergmann schon durch seine Existenz dazu beitragen, daß die in den Kaukasus vorstoßende deutsche Armee von der kaukasischen Bevölkerung als Befreier vom verhaßten Sowjetregime angesehen werde mit der Aussicht, die politische Unabhängigkeit bald zurückzuerhalten." Nach Erfüllung des militärischen Auftrages — Bezwingung des Kreuz-Passes an der Grusini-

schen Heerstraße — „*sollten die entsprechend befähigten Angehörigen der Einheit als Kader an dem Aufbau einer Selbstverwaltung der vielen kaukasischen Völkerschaften mitwirken*" (Oberländer in „*Erinnerungen SV Bergmann*", S. 16).

Mit diesen Worten schildert der Verfasser der Denkschriften den Beginn der Aufstellung des Sonderverbandes Bergmann, zu dessen Kommandeur Dr. Theodor Oberländer, damals Oberleutnant der Reserve, bestimmt wurde.

Die erste Denkschrift sollte Grundlage der geistig-psychologischen Ausbildung des Verbandes sein, hatte also grundsätzlichen Charakter. Daß sie 1942 an die im Kaukasus eingesetzten Truppen verteilt wurde, beweist, daß die militärische Führung ihre Grundsätze bejahte.

Der Text der Denkschrift entspricht dem Original; Hervorhebungen wie im Original. /ZFI

ERSTE DENKSCHRIFT

Oktober 1941

Deutschland und der Kaukasus

I. Der Kaukasus
  1. Bedeutung und Charakter des Gebirges
  2. Bevölkerung
  3. Geschichte
  4. Der Zeitraum 1914 - 1924

II. Der Bolschewismus im Kaukasus
  1. Der Zeitraum 1924 - 1942
  2. Kampf gegen die Religion
  3. Wirtschaft
  4. Verkehr

III. Deutschland und der Kaukasus
  1. Neue Agrarordnung
  2. Selbstverwaltung
  3. Religiöse und kulturelle Freiheit

Anmerkung:

Die kritische Einstellung des Reichssicherheitsamtes zur Person des Dr. Oberländer wird durch die Veröffentlichung dieser Ausarbeitung nicht berührt.*

---

* im Original der „*Führervorlage*"/ZFI

I. Der Kaukasus

Im Juli 1918 als die kaukasische Front der Russen zusammenbrach und türkische Truppen in Transkaukasien vorrückten, landeten deutsche Soldaten im Kaukasus. Damals hatte Deutschland die Ukraine besetzt und erwartete von ihr das nötige Getreide und damals brauchte Deutschland Öl und Benzin, das es im Kaukasus zu bekommen hoffte, um den Krieg fortzusetzen. — 24 Jahre sind unterdessen vergangen. Wenn auch die militärische Lage eine völlig andere ist als 1918, so sind doch gewisse Parallelen in unserem Drang nach Rohstoffen gegeben. Denn wieder haben wir die Ukraine besetzt und wieder benötigen wir Öl und Benzin für die im Vergleich zum Weltkrieg gewaltig vergrößerte Kriegsmaschine. Damals war die Ukraine ein Land, in dem gleich ob im Bauernhof oder im Großbetrieb der Boden mit tierischer Zugkraft bestellt wurde. Heute dagegen stehen auf tausenden von Kollektivwirtschaften hunderttausende von Traktoren, die ohne Treibstoffe weder Saat noch Ernte bewältigen können. —

Die Ukraine und Baku gehören zusammen. Ohne Treibstoff wird die Ukraine nicht die acht Millionen Tonnen Getreide liefern können, die wir und Europa erwarten. Und wenn einmal gesagt wurde, daß der Verlust Bakus für die sowjetische Landwirtschaft eine Katastrophe bedeuten würde, so entspricht das weitgehend den Tatsachen. Die Sowjetunion ist ohne Baku schwer zu denken, ihre technische Entwicklung der letzten 20 Jahre ohne Baku unmöglich.

Also stehen wieder wie vor 24 Jahren der Kaukasus und Baku im Vordergrund des Interesses. — Bei der Verteilung des Erdöls ist heute das amerikanische Erdöl und das von Japan eroberte Erdöl des Pazifik nicht mehr strittig. Amerika und Japan sind Selbstversorger geworden und beherrschen sicher die ihnen zur Verfügung stehenden Gebiete.

Für den Kampf der großen Mächtegruppen ist aber das Öldreieck Baku — Mossul — Iran entscheidend. England benötigt dieses Erdöl genau so wie die Achsenmächte. Festland-Europa muß diese Rohstoffe besitzen, auch wenn sie an der Peripherie liegen. Je mehr aber England sich aus dem Landwege nach Indien zurückziehen muß, um so stärker übernimmt die Sowjetunion die Herrschaft über dieses Öldreieck. Es ist heute schon fast ganz in sowjetischer Hand. —

1. Bedeutung und Charakter des Gebirges

Der Kaukasus in einer Länge von 700 - 1.000 Kilometern mit Erhöhungen bis zu 5.000 Metern (Elbrus, Kasbek) bildet ein gewaltiges natürliches Hindernis, das, in vielen seiner Gipfel unbezwungen und zu weiten Teilen nur unzulänglich erforscht, nur mit den größten Schwierigkeiten militärisch überwunden werden kann. Von zwei Meeren flankiert hat es im Lauf der Geschichte oft einen festen Schutz gegen den Angriff des Stärkeren abgegeben. —

Vergleichen wir den Kaukasus mit den Alpen, so sind diese immer überschreitbar gewesen, von Hannibal angefangen über die deutschen Kaiser des Mittelalters bis heute. Nicht der Kaukasus. Er ist für große Armeen kaum überschreitbar, wohl aber umgehbar. Auch die großen Wanderungen des Mittelalters haben ihn meist als ein unüberwindbares Hindernis umgangen. Die Mongolen zogen an seiner Ostseite vorbei, ebenso der zweite Mongolensturm, Timur, die Seldschuken und Osmanen. Der Kaukasus war so wenig überschreitbar, daß ihn die deutsche Besatzungstruppe 1918 mit einer einzigen Jägerkompanie am Kreuzpaß unweit des Kasbek gegen Angriffe vom Norden schützte und im sowjetisch-georgischen Vertrag von 1920 verlangte die Sowjetregierung die Neutralisierung der Pässe bis zum

1.1.1922, weil sie genau wußte, daß nur geringe Einheiten, selbst der schwachen georgischen Armee einen Durchstoß durch das Gebirge würden vereiteln können.

Den von Süden her andringenden Islam hat der Kaukasus lange in seinem Siegeslauf gehemmt und schließlich ebenfalls zur Umgehung über das Kaspi-Meer und die Völkerstraße am Meere entlang über Derbent genötigt.

Auch die ersten Gegenstöße Rußlands unter Peter dem Großen gingen auf dieser Östlichen Umgehungsstraße am Kaukasus vorbei bis in die unter der Kaiserin Anna (1730 - 1740) wieder aufgegebene nordpersische Provinz Masenderan. Als unter Katharina der Großen die Herrschaft über die Meerengen das vornehmste Ziel der russischen Politik wurde, gewann die nur über den Kaukasus hinweg mögliche Flankierung der die Meerengen verteidigenden Türkei für Rußland an Bedeutung. Vom ersten sichtbaren Erfolg auf diesem Wege, dem Schutzvertrag mit Georgien vom Jahre 1783, an, bis gegen Ende des 19. Jahrhunderts setzten jedoch der wilde Charakter des Gebirges und der ebenso wilde Freiheitsdrang der Mehrheit seiner Bewohner dem russischen Herrschaftswillen einen zähen und nachdrücklichen Widerstand entgegen.

Der russische Angriff auf den Bosporus auf diesem Wege kam daher am Kaukasus zum Stehen. Die Bedeutung dieser Tatsache für Europa ist daran zu ermessen, wenn man sich vorstellt, welch unerhört günstige Ausgangsstellung der zaristische Imperialismus und vor allem der Bolschewismus gehabt hätten, wenn diese beiden Moskauer Gefahren vom Bosporus aus ihre Offensive in die slavischen agrarrevolutionären und politisch zerrissenen Länder des Balkans hätten vortragen können.

Für England ist der Kaukasus eine entscheidende Schutzstellung in seinem strategischen System. Er schützt den Landweg nach Indien vor einer Invasion aus Norden, er schützt die Ölfelder vor Mossul und Iran, ja er schützt sogar den Suezkanal. Jetzt, im Zeichen des Bündnisses England mit der Sowjetunion, soll der Kaukasus für England der Schutz gegen den deutschen Zugriff auf diese entscheidenden Stellen des Nahen Ostens sein.

Kennzeichnend ist hierbei, daß keiner der Angriffe, die den Kaukasus zum Ziel hatten, sich mit der Erreichung des Gebirgskammes und mit der Unterwerfung der nördlichen oder südlichen Hälfte begnügen konnte. Alle Mächte strebten nach der Beherrschung des gesamten Kaukasusgebietes, Türken, Perser, Russen. — Denn der Kaukasus ist weder eine völkische noch kulturelle noch wirtschaftliche Grenze. Eher das Gegenteil. Er kann auch nicht als Grenze zwischen Europa und Asien angesehen werden.

Der Stärkere hat ihn von jeher zu besitzen gewünscht, der Schwächere wollte aus ihm einen Pufferstaat machen. Daher wünschte England, das sich in diesem Raum in der Verteidigung befindet, Kaukasische Pufferstaaten, genau wie heute die Türkei und der Iran.

2. Bevölkerung

Aber das Gebirge schützte auch alle jene vielen Völker und Stämme, die sich im Laufe der Jahrhunderte in seinen Schutz begeben hatten und sich in seinen tiefen Tälern mit Erfolg ihre Eigenständigkeit bewahrten. Es hielten sich so im Schutze der Berge Stämme von wenigen Tausend bis zu Völkern mit einigen Millionen. Es entstand, wie in keinem Teile der Welt, ein Völkergarten auf kleinstem Raum, voller innerer Gegensätze und zentrifugaler Kräfte, einig nur im Kampf gegen Unterdrückung und Gleichmacherei.

Im Kaukasus wohnen über 40 Völker und Volksstämme. Es ist nicht leicht, für diese verschiedenen Völker eine gemeinsame Charakteristik zu finden, und doch gibt es so etwas wie einen kaukasischen Menschentyp, wenn er auch die verschiedensten Rassen in sich vereinigt.

Der kaukasische Mensch ist — bei großen Unterschieden innerhalb der einzelnen Stämme — konservativ, wehrhaft, tapfer, rassestolz und hält an altem Brauchtum fest; er ist mit einem Worte Individualist, jedoch fest eingefügt in die Bindungen seiner Sippe. Im Westteil des Gebirges ist der Kaukasier weicher als im Ostteil. Die härtesten Menschen leben im Nordosten; die Daghestaner, Awaren, Inguschen und Tschetschenen.

Man kann die Bevölkerung in etwa 4 Gruppen einteilen: in die Bergvölker, zu denen die Tscherkessen und die Daghestaner gehören (vor allem die letzteren sind in eine große Zahl kleinerer Stämme gespalten), ferner in die Georgier, Armenier und Aserbaidschaner, die alle drei bei einer Volksgröße von 2 - 3 Millionen über den Rahmen eines Stammes hinausgewachsen sind und dank ihrer Geschichte und ihrer sozialen Gliederung als Völker bezeichnet werden müssen. Die Osseten wohnen zu beiden Seiten des Gebirges, ebenso wie die Tscherkessen; der Kamm ist also viel weniger völkische Scheide als die tiefeingeschnittenen Täler.

In den letzten zwei Jahrhunderten sind in der Bevölkerungszusammensetzung des Kaukasus große Veränderungen vor sich gegangen, da die Nachbarn ihre Siedlungsgebiete immer näher an den Kamm heranschoben und damit den Lebensraum der Kaukasier einengten. Von Süden drangen die Türken vor, die weniger türkisierten, als islamisierten. Das Gleiche taten die Iraner. Völkische Gewinne haben beide daher nicht aufzuweisen, und das Siedlungsgebiet der Kaukasus-Völker wurde von Süden weniger eingeengt als von Norden. Das reiche nordkaukasische Steppengebiet wurde nämlich seit 1795 planmäßig mit Kosaken besetzt. Zunächst dringen die am Kuban angesiedelten Kuban-Kosaken als Kolonisten und Soldaten in das Tscherkessische

Siedlungsgebiet ein. Es folgten die von den Don-Kosaken abstammenden Terek-Kosaken in das Terek-Gebiet. 1864 siedelt etwa eine halbe Million Tscherkessen auf den Druck der Kosaken auf türkisches Staatsgebiet über. Das Nord-kaukasische Vorland ist daher heute, von tscherkessischen Resten abgesehen, die mit den tscherkessischen Bergvölkern der Kabardiner und mit den Abchasen eine knappe Million Seelen zählen, im wesentlichen russisch-ukrainisch.

Aber auch im Gebirge selbst und im Süden davon haben die Russen völkisch stark an Boden gewonnen. Als Beamte und Offiziere, als Ärzte und Handwerker sind sie im ganzen Kaukasus verbreitet. Vor allem aber sind sie die Träger der Industrie in allen Zentren gewerblicher Entwicklung, vor allem in den Ölgebieten. Die Zahl der Russen und Ukrainer läßt sich auf etwa 5 Millionen gegenüber 12 Millionen Bewohnern des Kaukasusgebietes schätzen. Hierbei ist Kaukasien von der Manytsch-Niederung bis zur türkisch-persischen Grenze gerechnet.

Im 19. Jahrhundert kamen auch Deutsche als Siedler in den Kaukasus und haben blühende Kolonien angelegt. Im Nord-Kaukasus waren es Tochterkolonien der Wolga-Deutschen, im Süd-Kaukasus Deutsche von der Schwäbischen Alb, die unter Alexander dem Ersten (1801 - 1825) angesiedelt wurden und es durch Fleiß und Tüchtigkeit zu Wohlstand brachten. Trotz ihres überdurchschnittlichen Wohlstandes waren sie allgemein beliebt und von keinem der vielen kaukasischen Stämme, in deren Wohngebiet sie siedelten, beneidet oder gehaßt. Zu dem guten Verhältnis und dem Ansehen, das der Deutsche im Kaukasus genießt, haben sie im großen Umfange beigetragen. Heute freilich sind die 50.000 Deutschen, die es im Weltkrieg im Kaukasus gab, so gut wie vernichtet. Sie wurden im Herbst 1941 gewaltsam ausgesiedelt. Über ihr Schicksal ist nichts bekannt. — Von den etwa 12 Millionen Einwohnern des Kaukasus sind etwa 7 Millionen Mohammedaner und 5 Millionen Christen.

Der Islam ist im Nord-Kaukasus nur in Teilen von Daghestan, wo er schon im 8. Jahrhundert die Oberhand gewann, alt; andere Stämme, vor allem die Tscherkessen, haben ihn erst im 16. und 17. Jahrhundert in Abwehr des russischen und zugleich auch orthodoxen Druckes angenommen. Während die Nord-Kaukasier Sunniten sind, wurden die Aserbaidschaner von Persien her islamisiert und sind daher überwiegend Anhänger des schiitischen Bekenntnisses. Die Unterschiede zwischen beiden Bekenntnissen werden jedoch heute, wohl vor allem auch als Folge des Sowjetdruckes, nicht mehr scharf empfunden, so daß der Islam als Ganzes ziemlich geschlossen erscheint.

Von den Georgiern sind die sog. Adscharen (etwa 300.000) Anhänger des Islam, von den Osseten etwa ein Drittel und zwar nur Angehörige der Oberschicht.

Das christliche Bekenntnis ist gespalten in das orthodox-russische, das orthodox-georgische mit georgischer Kirchensprache und das armenisch-katholische Christentum.

3. Geschichte

Die Geschichte des Kaukasus ist am besten an zwei der drei Völker aufzuzeigen, von denen bei aller Verschiedenheit zwei als einzige von allen Kaukasusvölkern einen eigenen Staat besessen haben — Georgier und Armenier.

Die Georgier sind ein kulturell hochstehendes Volk mit einer Lebensauffassung, die der der mitteleuropäischen Völker nahesteht. Insbesondere besitzen sie ein lebendiges Geschichtsbewußtsein, das trotz der nivellierenden Auswirkung der Sowjetherrschaft heute auch in den unteren Schichten noch wirksam ist. Jeder Einzelne ist sich mit Stolz seines Volkstums bewußt und gibt diesem Bewußtsein gern Ausdruck. Er hält sein Volk für das erste des Kaukasus, dem von rechtswegen die Führung zukäme.

Der persönliche Stolz verbindet sich mit einem entwickelten, häufig leicht übersteigerten Ehrbegriff, der sich vor allem auch auf die eigene Familie, und hier insbesondere auf die weiblichen Verwandten erstreckt. Die Bindung an die Sippe hat sich auch heute noch als überraschend stark erwiesen.

Diese Eigenschaften tragen dazu bei, den Georgier als ritterlich erscheinen zu lassen, ein Zug, der noch unterstrichen wird durch eine allgemeine und herzliche Gastfreiheit und Großzügigkeit im Auftreten jedes Einzelnen.

Das Verhältnis des Georgiers zur Arbeit ist locker und starken Schwankungen unterworfen. Der Reichtum seiner von der Natur in vieler Hinsicht begünstigten Heimat hat den Georgier der Ebene, insbesondere die Kachetier um Tiflis, der Notwendigkeit harter und ausdauernder Arbeit enthoben. Dem Schwung, mit der er häufig an eine Sache herangeht, entspricht nicht die Lässigkeit in der Durchführung.

Sparsame Lebensführung erscheint den Georgiern oft kleinlich, sie neigen eher zur Verschwendung. In ihren Gefühlsäußerungen sind sie temperamentvoll und leicht überschwenglich, jedoch sprunghaft und daher nicht besonders verläßlich. — Die georgische Bergbevölkerung ist demgegenüber härter, anspruchsloser, arbeitsamer.

Zur Kirche haben die Georgier im allgemeinen keine engen Bindungen, da ihre ursprüngliche nationale Kirche von der großrussischen zaristischen Orthodoxie ihrer Sonderstellung beraubt und dadurch dem Volke entfremdet wurde.

Im allgemeinen kann man bei Georgiern eine alte, durch das Zusammenleben mit den deutschen Kolonisten und die Zusammenarbeit mit dem deutschen Kaukasus-Korps des Ersten Weltkrieges erprobte Deutschfreundlichkeit voraussetzen.

Das georgische Volk hatte durch den Besitz eines Teiles der Schwarz-Meer-Küste schon in alten Zeiten Verbindung zu Griechentum und Byzanz. Georgien ist das Land Kolchis in der Argonauten-Sage. Die georgische Geschichte ist die eines kleinen, aber zähen Volkes, das im Schnittwinkel zweier Religionen und später zweier Großmächte um seinen Platz an der Sonne ringt.

Schon im Jahre Vierhundert nahm es das Christentum an. Nach längerer Beherrschung durch die Araber erlebte es eine Goldene Zeit im 11. und 12. Jahrhundert, vor allem unter der Königin Tamar (russisch: Tamara). Es ist die Zeit einer friedlichen, eigenstaatlichen Entwicklung mit einer hohen Blüte von Kunst und Wissenschaft. Die Mongoleneinfälle vernichteten diesen Zustand; vor allem geht die georgische Oberschicht durch sie zugrunde. Georgien konnte sich lange nicht von diesem Schlage erholen.

Dann begann der Kampf gegen den Islam, der jahrhundertelang die georgische Geschichte kennzeichnet. Türken und Perser drangen gleichzeitig in georgisches Gebiet ein und verbreiteten den Glauben des Propheten mit Feuer und Schwert. Hunderttausende von Georgiern wurden nach Inner-Persien verschickt und sind heute noch im Iran an ihrer eigenartigen Sprache, einem Georgisch, das auf dem damaligen Stand stehen geblieben ist, zu erkennen. Georgien wurde zwischen Türken und Persern geteilt. Das Volk blieb georgisch; es blieb auch seinem christlichen Glauben treu.

Der Druck der Türkei ließ Georgien bei Rußland, als einer christlichen Macht, Schutz suchen. Irakli der Zweite, der vorletzte König von Georgien, wandte sich an Katharina die Zweite von Rußland mit der Bitte um Schutz vor den Türken. 1783 wurde darauf in einem russisch-georgischen Schutzvertrag Georgien als selbständiger Staat anerkannt.

Die Freundschaft Georgiens bedeutete für Rußland in seinem Kampf um den Kaukasus einen großen Vorteil. Endlich gewinnt es jenseits des Kaukasus einen Bundesgenossen, der im Rücken der Gegner über ein strategisch wichtiges Gebiet verfügt, besetzt mit russischen Truppen, er setzt russische Vizekönige ein, der Rubel rollt und die Bestechung wird allgemein. Die georgische Oberschicht wird nach Inner-Rußland verschickt, das Volk seiner Führung beraubt. Gegen seinen Willen wird Georgien die Plattform für die Eroberung des Kaukasus durch Rußland. So fällt der Westen des Kaukasus Rußland zunächst ohne Schwertstreich zu. Georgien wehrt sich, Aufstand folgt auf Aufstand, aber es ist machtlos gegen die gewaltige Übermacht. So wird Georgien völlig unterworfen. Eine beinahe zweitausendjährige Geschichte des Kampfes um staatliche Selbständigkeit und völkische Selbstbehauptung findet zunächst ihren Abschluß. Aber nur zunächst.

Ein Volk, das eine ganz andere Struktur und Entwicklung aufzuweisen hat, ist das der Armenier. Die Armenier sind nach den Juden das zerstreuteste Volk auf der Erde. Beinahe zwei Drittel ihrer Gesamtzahl leben nicht im geschlossenen armenischen Siedlungsgebiet. Sie unterscheiden sich von jeder gewöhnlichen Emigration, weil sie zäh an ihrem Volkstum und an ihrer Heimat festhalten und noch nach Generationen Armenier bleiben, wo sich Emigranten anderer Völker längst assimiliert haben.

Die Armenier sind intelligent und strebsam. Ihr karges, heimatliches Hochland hat sie zu einem arbeitsamen und fleißigen Volk gemacht. Der Anteil der Intelligenzberufe ist im Verhältnis zur Volkszahl auffallend hoch. In manchen Gebieten, so beispielsweise in Aserbaidschan, beherrschen die Armenier diese Berufe zum Nachteil der eingesessenen Bevölkerung ganz oder vorwiegend. Die zahlreichen, im gesamten Kaukasusgebiet in der Zerstreuung lebenden Armenier verbindet ein außerordentlich lebendiges Zusammengehörigkeitsgefühl, das vor allem auch kirchlich geprägt ist (armenisch-katholischer Ritus). Der Sitz des national-armenischen Kirchenhauptes, des Katholikos in

Etschmiadsin, war bis vor kurzem der geistige Mittelpunkt des Armeniertums nicht nur der Sowjetunion, sondern der ganzen Welt. Der einfache Mann ist auch heute noch religiös eingestellt.

Die Armenier haben von altersher in Rußland einen Rückhalt in ihrem Kampf gegen den Erbfeind ihres Volkes, die Türken, gefunden. Sie waren daher das einzige Kaukasusvolk, das in seiner Mehrheit die russische Herrschaft im Kaukasus stützte. Die Armenier sind daher in der Gegenwart wenn auch meist antibolschewistisch, so doch nicht immer antirussisch eingestellt.

Als geschickte und eifrige Händler und auch Handwerker sind die Armenier eindeutigem Materialismus verfallen und, besonders in den städtischen Kolonien, ausgesprochene Krämerseelen. Diese Eigenschaften haben, in Verbindung mit ihrer dem Russentum zugewandten Haltung, dazu geführt, daß ihr Verhältnis zu den übrigen Kaukasusvölkern, insbesondere zu den Georgiern, wenig freundschaftlich und häufig voller Spannungen war.

Ihre außerordentliche geistige Regsamkeit und die Notwendigkeit, als kleines Volk die Hilfe anderer im Kampfe gegen den erbarmungslosen Fanatismus der Türken zu suchen, hat sie zu scharfen Beobachtern der politischen Lage gemacht, der sie sich schnell und wendig anzupassen gewohnt sind. — Ihre Einstellung Deutschland gegenüber ist wegen der deutsch-türkischen Bundesgenossenschaft des ersten Weltkrieges nicht besonders herzlich gewesen. Heute aber dürfte auch hier zumindest die ländliche Bevölkerung die deutsche Wehrmacht als Befreier begrüßen.

Die Armenier hatten bis Ende des 14. Jahrhunderts einen eigenen Staat. Sie nahmen als erster Staat geschlossen das Christentum an und müssen es hart gegen den Islam verteidigen. Nach der Annahme des römischen Christentums zerstreuen sie sich weit nach Westen. Sie bilden Kolonien z. B.

in Lemberg, wo sie eine eigene Gerichtsbarkeit erhalten und ihre große Kirche heute noch steht. Ebenso bildeten sie eine große Kolonie in Venedig. Peter der Große zieht sie zum Aufbau von Webereien heran und gibt ihnen Handelsprivilegien. Durch die Mongolenstürme wurden sie auch nach Osten zerstreut. In Indien und noch weiter ostwärts finden wir ihre Kolonien. Überall sind sie tüchtig, unternehmend und durch Reichtum einflußreich. In der Türkei bildeten sie die gewerbliche Oberschicht, in deren Händen Handel, Handwerk und Banken lagen. Da sie Christen waren, wurden sie von Türken genau so wie die Griechen gehaßt. Die amerikanische Mission nahm sich ihrer in der Türkei besonders an. Die armenische Emigration in USA beträgt heute über hunderttausend Köpfe. Die Armenier waren in der Türkei tapfere Soldaten. Enver Pascha bestätigte ihnen im russisch-türkischen Kriege 1914 - 1918, daß er ihrer Tapferkeit seine Rettung vor russischer Gefangenschaft verdankte. Die in Rußland lebenden Armenier hatten allerdings eine antitürkische Orientierung. Auch hier spielten sie dank ihrer geistigen Beweglichkeit eine erhebliche Rolle. Ein Teil ihrer Intelligenz studierte in Rußland, so z. B. auch an der deutschen Universität Dorpat, wo sie mit dem deutschen Geistesleben in enge Berührung kam. In der armenischen Literatur wird Dorpat als die Wohltäterin der Ostarmenier bezeichnet. Die Armenier wiesen hohe geistige und kulturelle Leistungen auf, sie waren in den Teilungsstaaten gute Beamte.

In dem geschlossenen Siedlungsgebiet der Sowjetunion lebt etwa eine Million Armenier, im übrigen Transkaukasien über 800.000, davon in der Stadt Tiflis allein etwa 150.000, in Baku 80.000, ja es gibt kaum eine Stadt im Kaukasus, die nicht einen gewissen Prozentsatz armenischer Bevölkerung auswiese.

Der türkische Verfolgungssturm gegen die Armenier brach in den Jahren 1896/97 los, als Hunderttausende von

Armeniern durch Kurden und Türken niedergemetzelt wurden. Die Türkei war zwar durch den Berliner Kongress 1878 verpflichtet worden, ihre armenischen Provinzen zu entwickeln, doch war wenig geschehen. Die Zahl der um die Jahrhundertwende in der Türkei lebenden Armenier dürfte etwa 1,85 Millionen betragen haben. Während aber die Griechen mit etwa 1,5 Millionen nach dem Weltkriege aus der Türkei nach Griechenland umgesiedelt wurden und an ihrer Stelle 650.000 Türken aus Griechenland in die Türkei zurückkehrten, also eine völkische Flurbereinigung größten Stiles stattfand, wurde das Armenierproblem anders gelöst.

1915 beschloß die türkische Regierung, die Armenier auszurotten. Sie war angeblich erbittert über die türkenfeindliche Haltung der in Rußland lebenden Armenier. Ferner hatten sich gewisse armenische Kreise durch englische Versprechungen einfangen lassen, die den Armeniern Hoffnung auf ein Reich von Erzcrum bis nach Alexandrette und von Kappadozien bis zum Kaspischen Meere gemacht hatten; ein Reich, wie es die Armenier in ihrer Geschichte nie besessen hatten und wie sie es auch nie hätten verwalten können. Während die armenischen Soldaten an der Front standen, wurde die übrige Bevölkerung zum „Arbeitsdienst" ausgehoben und erschossen oder deportiert. Durch den Vormarsch der Russen wurden ca. 250.000 Armenier gerettet. Weitere 200.000 wurden in Konstantinopel, Smyrna und anderen Städten als unentbehrliche Handwerker verschont. Weit über eine Million Armenier sind also in den Jahren 1915 - 1918 auf Befehl der türkischen Regierung vernichtet worden.

Die Aserbaidschaner, zu deutsch Feueranbeter, sind ein kaukasisches Urvolk, das im 13. Jahrhundert türkisiert wurde, aber dem schiitischen Zweig des Islam anhängt.

Sie sind geistig weniger entwickelt. Sie sind dasjenige Kaukasusvolk, das am stärksten von der fatalistischen Seite des Islam beeinflußt ist. Ihre Arbeitsauffassung ist daher durchaus passiv und der europäischen fremd. Die Aserbaidschaner besitzen keine ausgeprägte volkliche Überlieferung und keine Staatstradition. Unter den drei führenden Kaukasusvölkern tritt daher ihr Volkscharakter am wenigsten scharf hervor. Das Volksbewußtsein wird häufig noch verdeckt von einem muselmanischen oder auch gesamttürkischen Zusammengehörigkeitsgefühl.

An den Traditionen und Kulturhandlungen des Islam halten sie zäh und unverbrüchlich fest. Gegen jede, wenn auch ungewollte Mißachtung ihrer Gebräuche sind sie äußerst empfindlich.

Der Aserbaidschaner erwidert bestimmte, aber gerechte Behandlung mit Anhänglichkeit und Treue. Erlittene Unbill aber oder gar Unrecht verfolgt er zäh und rachsüchtig.

Die Frau nimmt in Aserbaidschan der islamischen Gesellschaftsordnung entsprechend eine gedrückte Stellung ein. Dennoch wacht der Aserbaidschaner eifersüchtig über ihre Ehre.

Eine besondere Einstellung Deutschland gegenüber kann von diesem fernen und politisch unentwickelten Volke nicht erwartet werden. Die unter der Parole der Zerschlagung der Kolchose ins Land rückende deutsche Wehrmacht wird aber bei dem Bauernvolk der Aserbaidschaner auf freundschaftliche Gefühle rechnen können.

Die Hälfte des aserbaidschanischen Volkes, etwa 2 1/2 Millionen, wohnt in der Sowjetunion, die andere Hälfte in Iran. Rußland besetzte dieses Gebiet Anfang des 19. Jahrhunderts und bekam es endgültig 1828 im Friedensvertrage mit Persien zugesprochen.

Da die wichtigsten Ölfelder der Sowjetunion um Baku auf aserbaidschanischem Gebiete liegen, hat die sowjetische Nationalitätenpolitik von Anfang an den Aserbaidschanern erhebliche Aufmerksamkeit zugewandt. So wurde z. B. die lateinische Schrift eingeführt, um die Aserbaidschaner von den arabischen Schriftquellen abzuschneiden. Im Zuge der bolschewistischen getarnten Russifizierung ist dann später an die Stelle der lateinischen Schrift die kyrillische gesetzt worden.

Nach der Besetzung Irans durch Sowjettruppen im Jahre 1942 hat die Sowjetunion den von Aserbaidschanern bewohnten Nordteil Irans der Sowjetrepublik Aserbaidschan unter Ausspielung nationaler Parolen angeschlossen. Damit ist die Sowjetunion bereits über die im russisch-englischen Vertrage von 1907 über die Abgrenzung der Interessensphären in Persien festgelegten Grenzen hinausgelangt. Zur Zeit ist also das gesamte aserbaidschanische Siedlungsgebiet unter der Herrschaft der Sowjets vereint.

Die Entwicklung des Industriegebietes um Baku mit Hilfe von vorwiegend russischen und ukrainischen Arbeitskräften hat dazu geführt, daß sich auf aserbaidschanischem Boden eine große fremdvölkische Exklave gebildet hat. Durch das Schwergewicht dieser Großstadt Baku mit ihren 800.000 Einwohnern erreichen die Aserbaidschaner in ihrer Sowjetrepublik insgesamt kaum mehr als die Hälfte der Bevölkerung, obwohl die übrigen Teile der Republik rein oder doch vorwiegend aserbaidschanisch sind.

Für die Pan-Turanischen Ansprüche, die von wesentlichen Kreisen der modernen Türkei gepflegt werden, ist Aserbaidschan eine Schlüsselstellung hohen Ranges, da nur über das aserbaidschanische Gebiet ein einigermaßen geschlossener, territorialer Zusammenhang zwischen der Türkei und den Turkvölkern Zentralasiens hergestellt werden kann.

Die Bergvölker des Nordkaukasus, von denen einige Stämme nur einige Tausend Angehörige zählen, unterscheiden sich zwar nach Herkunft, rassischer Zusammensetzung und Sprache in häufig schroffer Weise. Dennoch sind ihnen entscheidende Charakterzüge und ein verhältnismäßig einheitliches kulturelles Gepräge gemeinsam, das ihnen im Nordwestkaukasus durch das dort führende Volk der Tscherkessen und allgemein durch den Islam vermittelt wurde.

Sie sind freiheitsliebend und von einem anarchisch anmutenden Unabhängigkeitsdrang. Die russische Herrschaft begegnete hier, vor allem in Daghestan und Tschetschenien, erbittertem Widerstand, der unter Führung des Awaren Schamil den Charakter eines ebenso umsichtig wie grausam geführten Kleinkrieges annahm. Die Kämpfe fesselten große russische Armeen unter dem Kommando der besten Heerführer des Zarenreiches, von denen viele übrigens Deutsche waren (Grabbe, von Rosen, Freitag, von Taube, Kluck v. Klugenau). Etwa 70 Jahre währte der Krieg. Erst mit der durch Verrat erzwungenen Übergabe Schamils im Jahre 1859 ließ der Widerstand nach. Doch schon die Revolution von 1905 bewies, daß der Kaukasus, und am wenigsten die Bergvölker, nur äußerlich russisch geworden war. Noch deutlicher sollte das der Weltkrieg zeigen.

Das Ehrgefühl der Bergvölker ist äußerst lebendig und oft von Leitsätzen beherrscht, deren Sinn uns unzugänglich bleibt und verschroben anmutet. In manchen Gegenden, z. B. des Daghestans, verleiht erst erfolgreiche Ausübung des Räuberhandwerks volle Manneswürde. Dem einmal anerkannten Führer wird treue Gefolgschaft gewährt. Zähe Anhänglichkeit zum Islam verbindet sich mit religiöser Unduldsamkeit. In ihren Bergtälern führen sie ein hartes Dasein.

Der Zwang des Sowjetsystems ist dieser Völkergruppe verhaßt wie wohl keinem zweiten Volke des Kaukasus. Bei Achtung ihrer Besonderheiten kann daher die deutsche Wehrmacht voraussichtlich auf eine freundschaftliche Haltung rechnen.

4. Der Zeitraum 1914 - 1924

Der Beginn des türkisch-russischen Krieges 1914 ließ in verschiedenen Kreisen der Kaukasusvölker den Gedanken einer möglichen Befreiung reifen. Vor allem die in der Schweiz lebende Emigration der Georgier war nicht untätig. Der russische Zusammenbruch im Jahre 1917 stärkte diese Bewegung außerordentlich. Abgesehen von den Bergvölkern, die weder eine klare territoriale Forderung noch klare politische Ziele hatten, war die Orientierung der drei kaukasischen Völker eine völlig verschiedene.

Die Georgier wünschten einen Sieg der Türken als das kleinere Übel, befürchteten aber mit Recht ein zu großes Anwachsen der türkischen Macht, das ihnen ihre Selbständigkeit gekostet hätte und vielleicht nicht einmal einer russischen Herrschaft vorzuziehen war. Deshalb wandten sie sich, als den Türken im Vertrag von Brest-Litowsk Batum zugesprochen wurde, die Türken aber mehr besetzten, an Deutschland um Hilfe.

Die Armenier hingegen erwarteten alles von England. Sie wollten zunächst den russischen Sieg über die Türkei und als Rußland zusammenbrach, sollten England und auch Amerika ihnen helfen, eine Orientierung, die noch heute anhält und die Armenier z. T. zum Werkzeug der sowjetisch-amerikanischen Zusammenarbeit macht. Insbesondere ist die Armenische Kirche der Emigration ein politisches Instrument Englands, das sie in seiner vorderasiatischen Politik einsetzt. Die Aserbaidschaner hofften auf die Türkei und erbaten türkische Hilfe gegen die Russen.

Jedes der drei Völker hoffte also auf eine andere Macht.

Unter diesen Umständen konnte die sich damals entwikkelnde transkaukasische Konförderation nicht von langer Dauer sein, wenn nicht eine Macht mit fester Hand im Kaukasus Ordnung schaffte. Die Armenier spielten sich in dieser Konförderation als die von England und Amerika Unterstützten stark auf. Die deutschen Truppen unter Führung des Generals Kress von Kressenstein besetzten Georgien und halfen der georgischen Regierung, eine Armee aufzubauen und die Grundlagen einer Staatsverwaltung zu errichten. Die Zusammenarbeit zwischen der deutschen Truppe und der georgischen Regierung war außerordentlich eng, man kann sagen herzlich. Die Armenier dagegen standen der deutschen Delegation ablehnend gegenüber. Auch das Verhalten der deutschen Truppe der Bevölkerung gegenüber war derart gut, daß noch heute das deutsche Ansehen in Georgien auf diese Ereignisse zurückzuführen ist.

Wirtschaftlich hat freilich Deutschland im Kaukasus wenig für die Fortführung des Krieges gewonnen, weil der Zusammenbruch 1918 die Aufgabe des Unternehmens erzwang. Deutschland vermied es zunächst, Baku zu besetzen, weil es den Sowjets im Vertrage von Brest-Litowsk zugesprochen worden war. Als denn die Engländer sich in Baku breitmachten, hatte Deutschland den Grund, Baku trotz des Friedensvertrages zu besetzen. Die Besetzung Bakus durch die Türken vom 14. September 1918 und das Blutbad unter den Armeniern bildete nur ein kurzes Zwischenspiel. Wegen des Zusammenbruches Bulgariens mußten die deutschen Verbände, die Baku besetzen wollten und die sich bereits auf dem Schwarzen Meere befanden, zurückgerufen werden, um die durch Bulgariens Zusammenbruch entstandene Lücke auszufüllen.

Nun verbanden sich die Sowjets und die Türkei gegen England. Türkische Truppen drangen gegen Georgien vor und auch die Sowjets brachen den sowjetisch-georgischen Vertrag, in dem die Neutralisierung der Pässe bis zum Januar 1922 durch Georgien garantiert war. Von Baku, über die Grusinische und die Ossetische Heerstraße und aus Abchasien setzten sich die Heeressäulen der Roten Armee gegen Georgien in Bewegung. Auch die Armenier fielen den Georgiern in den Rücken. Georgien hat tapfer gegen drei Gegner gekämpft. Aber es mußte diesen Kampf verlieren. Seine Armee litt Hunger, sie war zu klein, um an drei Fronten zu kämpfen. Die Regierung war menschewistisch und hatte selbst zu sehr die revolutionären russischen Parolen in sich aufgenommen, um erfolgreich gegen den Bolschewismus kämpfen zu können. Es ging ihnen wie Kerensky im Kampfe gegen Lenin.

Die letzten deutschen Truppen hatten, von der georgischen Bevölkerung gefeiert, das Land verlassen. Die georgische Regierung mußte fliehen, ebenso ein Teil der Oberschicht. Das Land verfiel der Geissel des Bolschewismus.

Die georgische Emigration, die trotz zahlenmäßiger Schwäche (1.500 bis 2.000 Köpfe) in Berlin, Paris und in der Schweiz eine lebhafte Tätigkeit entfaltete, hat durch innere Uneinigkeit, durch Festhalten an marxistischen Gedankengängen und durch die Entfremdung ihrer Heimat gegenüber voraussichtlich für einen Neuaufbau Georgiens trotz seines außerordentlichen Mangels an Intelligenz, der nach 20 Jahren Sowjetherrschaft sich bemerkbar macht, eine nur sehr begrenzte Bedeutung.

II. Der Bolschewismus im Kaukasus

1. Der Zeitraum 1924 - 1942

Die Periode der bolschewistischen Herrschaft im Kaukasus ist für alle Maßnahmen, die künftig im Kaukasus zu treffen sind, von besonderer Bedeutung. Obwohl die Bolschewisierung des Kaukasus etwa 6 Jahre später erfolgte als die des übrigen Rußlands, ist der Umbruch doch so tiefgehend gewesen, daß nur eine genaue Kenntnis der bolschewistischen Politik im Kaukasus und ihrer Erfolge und Mißerfolge vor Fehlern in der Behandlung der Kaukasusvölker schützen kann.

a) Nationalitätenpolitik

Die nationalen Forderungen waren im Verlaufe des Weltkrieges und kurz vorher im Kaukasus so stark aufgetreten und auch im breiten Volke so fest verwurzelt, daß sich der Kommunismus zu einer sehr vorsichtigen Nationalitätenpolitik gezwungen sah. Gegenüber einem geschlossenen Kaukasus, der wie unter Schamil dem Kommunismus entgegengetreten wäre, hätte es Moskau außerordentlich schwer gehabt. Aber die Verschiedenheit der geschichtlichen Vergangenheit, der Sitten und Gebräuche, der Religion, der Eigentumsverhältnisse, der Rechtsauffassung, der Moral und des Zustandes der allgemeinen Kultur unter den Völkern des Kaukasus war den Sowjets der beste Bundesgenosse. Der Druck der zaristischen Nationalitätenpolitik hatte vor allem den geistig entwickelten Völkern Rußlands gegenüber, und zu ihnen zählten die meisten kaukasischen Völker, keine nennenswerten Erfolge aufzuweisen.

Der Bolschewismus ging andere Wege. Die Erklärung der Völker Rußlands vom Jahre 1917, in der ihnen nationale Selbständigkeit und eigene Verwaltung zugesichert wurde, hatte eine ungeheure Wirkung. Der Nationalismus war nicht mehr nur eine Angelegenheit der Oberschicht, sondern er wurde ins Proletariat verlegt. Der Bolschewismus russifizierte zunächst nicht, sondern er bolschewisierte. Die eigenvölkischen Unterschichten wurden nationalisiert. Nach ihrer Grundthese „*National in der Form, bolschewistisch im Inhalt*" bewilligten die Bolschewiken die nationale Form und versuchten gleichzeitig, den nationalen Kern zu vernichten und einen antivölkischen Bolschewismus an seine Stelle zu setzen.

Das Gebiet des Kaukasus wurde entsprechend der Zahl der dort lebenden Völker und Stämme in eine große Zahl von autonomen Kreisen, autonomen Gebieten und autonomen Republiken mit einem formal reich entwickelten Minderheitenrecht eingeteilt. Nach außenhin und auf dem Papier hatten diese Gebiete eine weitgehende Selbständigkeit, in Wirklichkeit aber führten sie ein unselbständiges Scheindasein. Auf diese Art wurden die nationalen Gegensätze lebendig erhalten und die Sowjets konnten die schon im Zarismus so beliebte Politik des *„teile und herrsche"* fortsetzen. Gleichzeitig wurden alle nationalen Sprachen gepflegt, schon um den Kommunismus wirkungsvoller propagieren zu können. Es entstand eine umfangreiche, rein bolschewistische Literatur in den verschiedenen Sprachen, die dazu beitragen sollte, mit der Sprache des eigenen Volkes die nationalen Grundlagen eben dieses Volkes zu vernichten. Kino und Rundfunk wurden voll in den Dienst der kommunistischen Propaganda gestellt.

Dagegen wurden Rasse und Familie und alle damit zusammenhängenden Bindungen radikal bekämpft. Bezeichnet man den Inhalt der Kultur als Bindung (an Familie, Boden, Volk, Religion, Tradition) und den Inhalt der Zivilisation als Bildungslosigkeit, so ist die bolschewistische Nationalitätenpolitik eine ungeheure Kulturvernichtung gewesen. Dies gilt vor allem vom Kaukasus, wo diese Bindungen besonders lebendig und entwickelt waren. Alle inneren Bindungen wurden durch eine eiserne Diktatur ersetzt, um den Einzelnen für die Erfüllung der Parteiaufgaben einsetzen zu können. Erst in den letzten Jahren ist es den Bolschewiken gelungen, vor allem durch die Totalität der Jugenderziehung im städtischen Proletariat echte Anhänger zu finden und kommunistische Zentren zu schaffen.

b) Kampf gegen die Bodenständigkeit

Im Kampf gegen die Bodenständigkeit stieß der Bolschewismus auf außerordentliche Schwierigkeiten. Im Schwarz-Erde-Gebiet des Nordkaukasus ging die Kollektivierung trotz des radikalen Widerstandes der Kosaken, die ihre Haltung aus dem Bürgerkrieg, in dem sie z. T. in der Hoffnung auf mehr Land auf Seiten der Roten gekämpft hatten, bitter bereuten, schneller vor sich, weil die natürlichen Grundlagen eines ebenen, steinfreien und gleichmäßigen Bodens gegeben waren, der die Technisierung der Bodenbearbeitung begünstigte.

Im Gebirge dagegen waren die natürlichen und menschlichen Voraussetzungen völlig andere. Die Bergvölker, die hauptsächlich Viehwirtschaft trieben und sich kärglich vom Ertrage ihrer Äcker nährten, die sie in mühsamer Arbeit den Steinen abgerungen hatten, wehrten sich gegen jede Vergemeinschaftung. Das agrar-psychologische Denken der Slawen und Kaukasier ist eben grundsätzlich verschieden. Die kaukasische Auffassung von Boden und Eigentum ist uralt und ähnelt der germanischen. Die slawische dagegen hat seit Jahrhunderten in weiten Teilen des slawischen Siedlungsgebietes durch die Verbreitung des Mir-Systems einen kollektiven Charakter angenommen. Ein Kaukasier, der noch vor 50 Jahren in den Zeiten der Blutrache wegen eines gestohlenen Huhnes seinen Nachbarn totschlug, war später nicht gewillt, Vieh und Acker dem Staate zu schenken, um als Lohnarbeiter zwischen Hunger und dürftigem Sattwerden für den Staat zu schuften. Die bolschewistische Doktrin der Kollektivierung blieb den kaukasischen Bergbewohnern völlig unverständlich und erschien ihnen gleichbedeutend mit Sklaverei. Stämme, die Jahrhunderte lang ihre Freiheit zäh verteidigt hatten, wußten sich mit aller Macht gegen eine derartige Unterjochung aufzulehnen. Hinzu kam noch, daß eine Mechanisierung der Bodenbearbeitung im Gebirge völlig unmöglich ist. So kamen natürliche und menschliche Widersprüche zusammen, um die Kollektivierung im Kaukasus hinauszuzögern.

Sie konnte erst in den Jahren 1933/36 im Gebirge durchgeführt werden. Schwere Aufstände waren die Folge. Während im Schwarzerde-Gebiet die Produktivität der Arbeit durch die Mechanisierung der Landwirtschaft und durch die Kontrollfähigkeit der Maschine in vielen Fällen stieg, nahm sie im Gebirge stark ab. Die Erinnerung an die Zeit vor der Kollektivierung ist heute, nach erst 6 - 8 Jahren Kollektivwirtschaft, noch so rege, daß die gesamte Bevölkerung noch unmittelbarer als in anderen Gebieten ihre schnelle und restlose Abschaffung erwartet.

Auch in Transkaukasischen Gebieten, in dem nur einige Ebenen den Anbau technischer Kulturen in größeren Betrieben zulassen, hat sich die Bevölkerung gegen die Kollektivierung erbittert gewehrt.

Das wirtschaftliche Ergebnis bestand darin, daß in einem Gebiet, das sich ohnehin nicht ernähren konnte, die Erträge abnahmen und jedes Interesse an Ertragssteigerung, das in solchen Zuschußgebieten entscheidend ist, verloren ging. Das gilt vor allem für die Viehkollektive, die wegen der Schwierigkeiten der Quarantäne und der Beschaffung der voluminösen Futtermassen von Anfang an völlig unwirtschaftlich arbeiteten.

2. Kampf gegen die Religion

Als eine der stärksten, dem Bolschewismus fremden Bindungen wurde von ihm die Religion mit allen Mitteln bekämpft. Die christliche Kirche hat schwer gelitten. Das Verhalten gefangener Mohammedaner hat gezeigt, daß der Islam in Rußland durchaus nicht tot ist.

Im Hinblick auf die Bedeutung der 210 Millionen Mohammedaner in der Welt war die Politik Moskaus den eigenen Mohammedanern gegenüber zunächst vorsichtiger als gegenüber den anderen Bekenntnissen. Solange der Bolschewismus glaubte, über den Islam in der Welt des Mohammedanismus geistige Eroberungen machen zu können, suchte man ihn zu benutzen. Als aber die umgekehrte Gefahr bestand, daß über den Islam antibolschewistische Tendenzen in der Sowjetunion gestärkt wurden, begann der Kampf. Der Islam erlebt heute in allen mohammedanischen Ländern, auch in der Türkei, eine nicht zu verkennende Wiedergeburt. Er ist gleichzeitig die Brücke zu den Turkvölkern, das Band zwischen der Türkei und den Aserbaidschanern, den Turkmenen, Kirgisen, Usbeken, Wolga-Tataren und anderen. Der sog. Pan-Turanismus, der Gedanke und Anspruch der Sammlung aller turkotatarischen Völker unter türkischer Herrschaft, spielt auch heute in der Türkei eine Rolle. Mit dem Kampf gegen den Islam kämpft daher der Bolschewismus gleichzeitig gegen diesen für ihn gefährlichen, politischen Anspruch.

3. Wirtschaft

Die Landwirtschaft Kaukasiens ist außerordentlich vielgestaltig. Man kann das Gesamtgebiet in drei Teile, Nordkaukasien, den eigentlichen Gebirgsstock und Südkaukasien, teilen.

Nordkaukasien hat mit seinem reichen Steppenboden, der noch bis zum Weltkriege als Weideland benutzt und erst nach dem Weltkriege umgebrochen wurde, eine ausgesprochene Getreideüberschußerzeugung. Es ist das Gebiet der großen Kolchose, die zeitweise fast nur mit Getreide bestellt wurden und fast vollständig mechanisiert waren. Sie waren der Stolz der Sowjetunion. Auch Mais, Sonnenblumen und die von Deutschen im Nordkaukasus gezüchtete Sojabohne geben hohe Erträge. Das Gebiet hat Ähnlichkeit mit der Ukraine, wenn es auch noch nicht so dicht bevölkert ist.

Im Vorgebirgsland und im Gebirge selbst ist, vor allem im feuchten Westkaukasus, die Viehwirtschaft entwickelt. Aber auch die Äcker reichen hoch in das Gebirge hinauf. Der ganze Gebirgsstock ist Zuschußgebiet, da die ärmliche Landwirtschaft seine Bevölkerung nicht ernähren kann.

Auch Südkaukasien ist Zuschußgebiet und zwar vor allem durch das Vorherrschen technischer Kulturen zum Nachteil des Getreideanbaus. Das Gebirge schützt Transkaukasien vor den trockenen, heißen oder kalten Steppenwinden. Im Südkaukasus gedeiht daher der Tee, die Zitrone, Reis, Baumwolle, Tabak, Ölfrüchte und die Seidenraupe. Auch der Baumwollanbau wurde erheblich ausgedehnt.

Die Versorgung des Gesamtgebietes ist nur durch die Überschüsse des Nordgebietes möglich, wobei dieses in guten Jahren außerdem noch weitere Überschüsse abwerfen kann.

Wichtiger als die landwirtschaftliche Produktion ist die Gewinnung gewerblicher Rohstoffe. Hier ist das Manganerz zu nennen, das sich mit einem ungewöhnlich hohen, vorzügliche Qualität sichernden Prozentgehalt von Erz in Tschiaturi im Tagebau gewinnen läßt. Es zählt zu den Besten der Welt und spielt in der russischen Wehrwirtschaft eine große Rolle. Auf das kaukasische Manganerz ist die hohe Qualität verschiedener russischer Waffen zurückzuführen. Über allem aber steht die Gewinnung des Erdöls. Die kaukasischen Ölvorräte betragen zwar nur etwa 30 % der Vorräte der gesamten Sowjetunion, liefern jedoch etwa 90 % der derzeitigen Förderung. Allerdings ist zu berücksichtigen, daß gerade nach Ausbruch des deutsch-russischen Krieges und unter dem Eindruck des drohenden Verlustes der Ölfelder von Baku und des Nordkaukasus die Erdölerzeugung in den Gebieten von Emba und an der Wolga erheblich gesteigert worden ist, so daß der Anteil der kaukasischen Erdölerzeugung an der sowjetischen Gesamtproduktion heute bereits niedriger sein dürfte.

Die Sowjetunion fördert jährlich etwa 34 Millionen Tonnen Rohöl, also etwa 11 % der Welterzeugung, und steht damit nach USA an zweiter Stelle. Da die Sowjetunion die Industrie gewaltig ausgebaut und vor allem die Landwirtschaft fast vollständig mechanisiert hat, ist sie auf Treibstoffe angewiesen und hat auch beachtliche Mittel in die Ausdehnung der Treibstoffgewinnung investiert. Bis vor einigen Jahren war die Sowjetunion Exporteur von Treibstoffen. Erdöl brachte der Sowjetunion Devisen ein, die sie für den Einkauf von Maschinen und die weltrevolutionäre Propaganda brauchte. Heute ist die Sowjetunion Benzinimporteur geworden. Alle hochwertigen Flugbenzine werden aus USA eingeführt. Auch der Ferne Osten wird aus USA versorgt.

Die Bedeutung der kaukasischen Erdölvorkommen für die Sowjetunion kann schwer überschätzt werden. Gewiß liegt Baku zu den Hauptverbrauchsgebieten ungünstig, die durchschnittliche Entfernung beträgt 1.200 km, auch Entfernungen bis 2.000 km sind nicht selten. Das nördlichste und damit den Verbrauchszentren am nächsten gelegene Erdölgebiet des Kaukasus ist das von Maikop. Es hat eine Jahresproduktion von etwa 2 1/2 Millionen Tonnen. Sein Export geht über den Schwarzmeerhafen Tuapse, mit dem es durch eine Ölleitung verbunden ist. Außerdem besteht neuerdings eine Ölleitung von Maikop in das Industrierevier des Donbass. Südöstlich Maikop liegt Grosny, das bis 1932 seine Erzeugung auf 7 Millionen Tonnen gesteigert hat, heute aber auf 2.4 Millionen Tonnen abgesunken ist. Grosny hat die Sowjets stark enttäuscht. Es zeichnet sich durch ein sehr benzinreiches Erdöl aus.

Über allem aber steht Baku mit einer Jahreserzeugung von 20 Millionen Tonnen Erdöl. Die Erdölraffinerien befinden sich in Baku, Grosny, Batum, Tuapse und anderen Städten. Etwa 20 Millionen Tonnen werden mit der Bahn befördert, 21 Millionen Tonnen mit der Binnenschiffahrt über das Kaspi-Meer die Wolga aufwärts und 7 Millionen Tonnen durch Ölleitungen. Trotz der jahreszeitlichen Beschränkung der Binnenschiffahrt auf Frühjahr und Herbst ist ihre Leistung für die Verteilung des Erdöls ausschlaggebend. Aus den in Astrachan einlaufenden Tankdampfern wird das Erdöl in flachen Kähnen die Wolga aufwärts über die Flußsysteme der Oka und Kama bis tief in das Innere Rußlands verteilt. Vor Unterbrechung der Wolgaschiffahrt ist daher Inner-Rußland von Baku nicht abgeschnitten.

Durch das Erdöl ist der Kaukasus zu einem der wichtigsten Rohstoffgebiete Europas geworden. Es ist für die Wirtschaft der Sowjetunion unentbehrlich.

4. Verkehr

Das Gebirge bildet ein entscheidendes Verkehrshindernis. Es wird von lediglich einer Eisenbahnlinie von Rostow nach Baku und weiter nach Batum umfahren. An der auf der Westseite seit mehreren Jahren im Bau befindlichen zweiten Umgehungslinie fehlt immer noch ein Zwischenstück von 50 km.

Von diesen Hauptstrecken führen zahlreiche Stichbahnen in das Gebirge, allerdings ohne es zu überschreiten. Im Verlaufe der Georgischen Heerstraße über den Kreuzpaß ist eine Bahnlinie geplant.

Über den Kamm führen etwa 50 Pässe, von denen jedoch nur wenige diesen Namen verdienen und für den Straßenverkehr benutzbar sind. Die meisten von ihnen führen über Gletscher von Höhen von 3.000 Metern und mehr und sind nur für Fußgänger oder allenfalls für Tragtiere gangbar.

Die wichtigsten Straßen sind die Grusinische Heerstraße von Wladikawkas (heute Ordschonikidse) nach Tiflis, die Ossetinische Heerstraße von Wladikawkas nach Kutais und die Suchum'sche Heerstraße über den Nordwestkaukasus nach Suchum.

Die Straßen sind wegen der leichten Gewinnung von Straßenbaumaterial in weit besserem Zustand als in der Ukraine.

Die Häfen am Schwarzen Meer und am Kaspi-See spielen dank der Gunst ihrer natürlichen Beschaffenheit und Lage eine erhebliche Rolle. Obwohl das Verkehrswesen nicht unentwickelt ist, besteht dringend die Notwendigkeit, es zu verbessern.

III. Deutschland und der Kaukasus

Für die Zukunft des Kaukasus lassen sich zwei Grundsätze aufstellen:

1. Eine Macht muß herrschen, sonst tobt der Kampf aller gegen alle;
2. Ohne Mitarbeit der örtlichen Bevölkerung ist der Kaukasus kaum oder nur mit schweren Verlusten zu nehmen und zu halten.

Deutschland ist dem Kaukasus nicht benachbart. Es hat nie mit den Völkern des Kaukasus irgendwelche Reibungen gehabt wie Rußland, England oder die Türkei. Es hat nur einmal im Jahre 1918 mit bewaffneter Hand im Kaukasus eingegriffen und das Andenken daran ist bei den Kaukasusvölkern in bester Erinnerung. Wenn Deutschland damals weder militärische noch nennenswerte wirtschaftliche Erfolge im Kaukasus gehabt hat, so hat es doch immerhin psychologisch gewonnen.

Der erste Teil des Ersten Weltkrieges erlebt nach 28 Jahren seine Wiederholung. Die Frage der Haltung der Türkei ist noch unentschieden. Sie ist von allen Seiten vom Gegner umklammert: im Kaukasus, Iran und im nördlichen Irak durch die Sowjetunion, in Syrien durch England.

Der Bolschewismus hat im Kaukasus eine Vorarbeit für uns geleistet, wie sie für Deutschland nicht besser geleistet werden konnte. Weite Teile der Kaukasier sind in ihrem Haß gegen den Bolschewismus einig. Gewiß ist ein großer Teil der waffenfähigen Mannschaften eingezogen. Ein erheblicher Teil der Bevölkerung ist verschickt. Aber es ist trotzdem nicht gleichgültig, wie sich die örtliche Bevölkerung den deutschen Truppen gegenüber verhält.

Was kann Deutschland tun, um die Befreiung des Kaukasus und eine günstige Aufnahme der Truppen durch die eingesessene Bevölkerung vorzubereiten?

In den Richtlinien für die Propaganda unter den Kaukasusvölkern sind die drei wesentlichen Punkte genannt, und zwar die Landfrage, die Frage der nationalen Selbstverwaltung und die Frage der kulturellen und religiösen Freiheit.

1. Die neue Agrarordnung

Deutschland verspricht die Auflösung der Kolchose. Das bedeutet, daß die deutsche Wehrmacht und nach ihr die deutsche Zivilverwaltung eine Agrarordnung erlassen müssen, die den außerordentlich verschiedenen Verhältnissen des Kaukasus entspricht.

Im Nordkaukasus wird uns wie in der Ukraine die Notwendigkeit, Getreide in größeren Mengen zu exportieren, und der Mangel an bäuerlichem Inventar dazu zwingen, eine Mitte zwischen Bauernhof und Riesenbetrieb des Kollektivs zu finden, indem das Kolchosland in Gemeinwirtschaften überführt und das Eigenland des Kolchosearbeiters wesentlich vergrößert und von Steuern befreit wird. Die Vergrößerung des eigenen Hoflandes darf nur bis zu einem Punkt erfolgen, an dem die Arbeitskraft des Kolchosarbeiters für die Gemeinwirtschaft nicht verloren geht. Eine solche an dem Beispiel der Ukraine ausgebildete Argrarordnung wird nur bedingten Beifall finden und es muß damit gerechnet werden, daß ihre von uns unter dem Zwang der Kriegsverhältnisse zunächst eng gezogenen Grenzen vom Gegner propagandistisch ausgenutzt werden. Da die Getreideerzeugung Nordkaukasiens für die Ernährung des übrigen Kaukasus und für die des Reichs von entscheidender Bedeutung ist, muß alles getan werden, um die Produktion schnell in Gang zu bringen.

Es ist damit zu rechnen, daß die Sowjets 1942 beim deutschen Vormarsch weit gründlicher und mit mehr Erfahrung zerstören werden, als im Jahre 1941. Die im Nordkaukasus lebenden Bergvölker, auch die aus dem Kosakentum stammenden Russen werden von einer deutschen Besetzung mehr erwarten, als wir in der Agrarordnung zugestehen können. Um diese Bevölkerung schnell auf unsere Seite zu ziehen, ist deshalb zu erwägen, ob nicht weitere Zugeständnisse gemacht werden sollten, zumal hier mit einer völligen Zerstörung des Maschinenparks gerechnet werden muß, so daß das Vorhandensein williger Arbeitskräfte im Vordergrund steht.

Im Gebirgsstock selbst sind die Voraussetzungen für eine mechanisierte Landwirtschaft nicht vorhanden gewesen. Die Landwirtschaft in den Bergen beruht auf der äußersten Anstrengung jedes Einzelnen. Der Stand der Technik blieb derselbe, das bäuerliche Inventar ist also im wesentlichen noch so erhalten, wie es vor der Kollektivierung war. Es macht daher die Auflösung der Kolchose bezüglich der Verteilung des Ackerlandes und der Viehherden keine besonderen Schwierigkeiten, wenn eine eindeutige Agrarordnung erlassen wird, die in wenigen, leicht verständlichen

Sätzen der Bevölkerung klar macht, wie die Kolchose aufgeteilt und die künftige Landwirtschaft betrieben werden soll.

Im Südgebiet muß bei der Auflösung der Kolchose auf die Besonderheiten der technischen Kulturen Rücksicht genommen werden. Vor allem die Bewässerungswirtschaft verlangt eine Zusammenarbeit und auch einen Anbau in größeren Flächen, der nicht willkürlich zerrissen werden darf.

Die richtige Durchführung der Auflösung des Kolchos und eine geschickte Ordnung der Landfrage ist der Schlüssel zur wirtschaftlichen Erschließung des Kaukasus und zur Gewinnung seiner Bevölkerung. Die Landfrage verlangt rechtzeitige Vorbereitung, klare Propaganda und feste Zusagen, die lieber begrenzt gegeben, aber unter allen Umständen eingehalten werden müssen. Ohne Lösung der Agrarfrage sind Hungersnot und Aufstände, Elend und Partisanentum nicht zu vermeiden.

Eine klare, unmißverständliche Stellungnahme zur Landfrage ist umso unerläßlicher, als das Schwergewicht der bolschewistischen Gegenpropaganda auf dem Gebiet der Agrarpolitik liegt. Es heißt in ihm, daß Deutschland nur „besetzte Ostgebiete" kenne, um aus ihnen deutsche Kolonien zu machen unter Rückführung der ehemaligen Großgrundbesitzer, die übrigens eindeutig auch in antibolschewistisch eingestellten Gegenden restlos abgelehnt, wenn nicht gehaßt werden. Das beste Land werde den deutschen Verwaltern verbleiben, eine Behauptung, die in den unklugen und unverantwortlichen Äußerungen einzelner Angehöriger der deutschen Verwaltung in den besetzten Gebieten ihren Nährboden findet. Im Kaukasus werde an die Stelle der gemeinsamen russischen Sprache, mit deren Hilfe allein eine Verständigung aller Völker untereinander möglich ist, die deutsche Sprache treten. Der Kaukasus müsse deutsch lernen. Von einer Befreiung der Völker werde in diesen „besetzten Ostgebieten" keine Rede sein.

2. Selbstverwaltung

Für den Aufbau der politischen Selbstverwaltung nötigt uns schon der Menschenmangel, einen großen Teil der Verwaltung dem örtlichen Volkstum zu übertragen. Wenn der bolschewistische Grundsatz sagte, „National in der Form, bolschewistisch im Inhalt", so muß, gemäß unserer Weltanschauung, auch der Inhalt national sein. Unerwünschte Selbständigkeitsbestrebungen sind hier um so weniger zu befürchten, als es sich um keine großen Völker handelt, die gefährliche Machtkombinationen aufbauen können. Wenn Militär- und Wirtschaftsverwaltung in deutscher Hand bleiben, so können Finanz-, Justiz-, Innenverwaltung einschließlich der örtlichen Polizei und die Kulturverwaltung von den einzelnen Volksgruppen selbst getragen werden.

3. Religiöse und kulturelle Freiheit

Am Kulturstand der örtlichen Bevölkerung hat das Reich ein vitales Interesse. Die Ausnutzung der vorhandenen Rohstoffe ist abhängig von einer ausreichenden Anzahl qualifizierter Arbeitskräfte. Deutschland und ganz Europa benötigen künftig in einem Ausmaße Intelligenz, die nur durch ein entsprechendes Schul- und Fachschulwesen sichergestellt werden kann. Ohne Pflege der eigenen Sprache und ohne Beeinflussung der Bevölkerung durch eine werbende und geschickte Propaganda ist sie nicht auf die Dauer für Deutschland zu gewinnen.

Der Kaukasus ist bei seiner strategischen Bedeutung mit Unterstützung der örtlichen Bevölkerung ein gewaltiger Schutzwall. Hat man die Bevölkerung gegen sich, so ist er der große Anziehungspunkt für alle Gegner, weil sie von ihm aus die beste Ausfallbasis haben. Schon deshalb hängt von der Güte der militärischen und zivilen Verwaltung alles ab. Der Kaukasus muß gewonnen und gehalten werden, wenn die Blockadefestigkeit Europas für die nächsten Jahrzehnte gesichert sein soll. Auch geistig können uns die kaukasischen Völker wichtige Bundesgenossen werden. Im Kampf gegen Bolschewismus und Amerikanismus ist der europäische Großraum nur auf dem Vertrauen all seiner Völker aufzubauen.

Durch den Besitz des größten europäischen Gebirges und des größten europäischen Erdölvorkommens haben die kaukasischen Völker im künftigen System Europas eine Stellung, die weit über ihre Zahl und ihre bisherigen Einflüsse hinausgehen. Es liegt an uns, auf drei Wegen die Garantie für eine dauernde Bindung des Kaukasus an Europa zu finden: die Waffe, die gerechte, psychologisch geschickte Verwaltung und die geistigen Grundlagen, die das dauernde Vertrauen der befreiten Völker sichern. — Nur so wird es gelingen, den Kaukasus in das neue Europa einzufügen und zu einem untrennbaren Bestandteil des europäisch-afrikanischen Raumes zu machen.

Einführung in die zweite Denkschrift

Die zweite Denkschrift des Oberleutnants Dr. Oberländer war bereits ein deutlicher Protest gegen das unheilvolle Verhalten der SS-Einsatzgruppen; diese gingen in den rückwärtigen Gebieten gemäß Hitlers geheimem *„Kommissarbefehl"* — dem sich die Truppe durch Nichtausführung weitestgehend widersetzte — gegen die auf Befreiung hoffende Bevölkerung vor, wie vor ihnen die sowjetischen Kommissare.

Die *„besetzten Ostgebiete"* waren auf ausdrücklichen Befehl Hitlers dem Reichsführer SS, Himmler, dem für die Kriegswirtschaft verantwortlichen Reichsmarschall Göring und den von Hitler persönlich eingesetzten Reichskommissaren unterstellt. Rosenberg, der Chefideologe der Partei, leitete zwar ein *„Ostministerium"*, hatte aber kaum Einfluß.

Oberländer mußte bei der Abfassung des Textes darauf achten, wesentliche Begriffe der nationalsozialistischen Ideologie zu verwenden; denn die Denkschrift(en) konnte(n) nur dann Hitlers Entscheidungen beeinflussen, wenn sie die Unterstützung, zumindest aber die stillschweigende Duldung durch die obengenannten Berater des *„Führers und Oberbefehlshabers"* fand(en). Auf Grund der offiziellen Aussagen Hitlers — *„Vernichtung des sowjetischen Systems"* und *„Befreiung der russischen Bevölkerung"* — konnte Oberländer damals noch hoffen, daß sich die Wehrmachtführung, hier in der Person des Admirals Canaris als

Leiter der Abwehr, gegen die Eroberungs- und Kolonialpolitik der SS würde durchsetzen können.

Tatsächlich konnte auch Canaris diese Denkschrift Hitler persönlich vorlegen. Dieser lehnte sie in ihren Schlußfolgerungen auch nicht ab, sondern versuchte lediglich, sie zu widerlegen (vgl. Vorwort/ZFI).

Genau wie die erste Denkschrift wird auch die zweite in ihrer Originalfassung wiedergegeben. Stilistische oder grammatische Fehler sind den Bedingungen zuzuschreiben, unter denen die Niederschrift (nur nach Diktat) erfolgte. /ZFI

ZWEITE DENKSCHRIFT

28. Oktober 1941

Voraussetzungen für die Sicherheit des Nachschubs und die Gewinnung höchster Ernährungsüberschüsse in der Ukraine

I. Stimmung und Lage beim Einmarsch der deutschen Truppen

II. Möglichkeiten der Behandlung der Truppe

III. Stimmung und Lage der Bevölkerung Ende Oktober 1941

IV. Gefahren wachsender Not und Mißstimmung in der Bevölkerung

V. Notwendige Maßnahmen

1. Stimmung und Lage beim Einmarsch der deutschen Truppen

Westlich der polnisch russischen Grenze von 1920 wurde der deutsche Soldat als Befreier vom bolschewistischen Joch begrüßt. Trotz der Vernichtung eines großen Teiles der ukrainischen Intelligenz unter der Bolschewikenherrschaft trat allerdings der vor allem in der Jugend vorhandene ukrainische Nationalismus mit radikalen politischen Forderungen an uns heran. Ostwärts dieser Grenze war die Haltung der Bevölkerung abwartend; die Herrschaft des Kommunismus hatte gute Vorbedingungen für den Aufbau einer deutschen Verwaltung geschaffen: Die Bevölkerung war gewohnt zu gehorchen, sie erhob keine national-politischen Forderungen, sie hatte durch Fünfjahrespläne einen außerordentlich tiefen Lebensstandard und fügte sich somit leicht in die harten Kriegsnotwendigkeiten.

Die Bevölkerung kannte Hunger und Not, bei entsprechender Behandlung und Propaganda war sie bereit, viel zu ertragen, wenn ihr eine neue rote Herrschaft erspart blieb. Wir kamen nach den Worten unserer eigenen Propaganda als Befreier in dieses Land. In der Westukraine knüpfte man an unser Kommen große Erwartungen; in der Ostukraine waren 8 Jahre Haßpropaganda seit 1933 nicht ohne Wirkung geblieben, aber man war nicht direkt gegen uns. Diese abwartende Haltung war vor allem in der älteren Generation vertreten, ferner unter den Bauern, die eine Abschaffung des Kollektivsystems erhofften und unter allen denen, die unter dem Bolschewismus Unrecht und Verfolgung erlitten haben.

Auch ein großer Teil der Jugend war trotz rein kommunistischer Erziehung nicht gegen uns eingestellt. Man kann den Anteil der Bevölkerung mit abwartender Haltung auf 90 bis 95 % schätzen. Gegen uns waren Juden, höchstens 10 %. Verglichen mit der gegen uns arbeitenden radikalen

Propaganda müssen die Stimmung und die Voraussetzungen für eine positive Aufbauarbeit beim Einmarsch der deutschen Truppen als sehr günstig bezeichnet werden.

2. Möglichkeiten der Behandlung der Bevölkerung

Für jede Verwaltung ergab sich die Aufgabe, den abwartenden Teil der Bevölkerung zu voller Mitarbeit zu gewinnen und auch die restlichen 5 bis 10 % allmählich auf unsere Seite zu ziehen. Nach Unrecht, Druck und Not des Bolschewismus war das durch eine gerechte, psychologisch geschickte Verwaltung leicht zu erreichen. Die große Mehrheit der Bevölkerung tut dann von selbst alles, um die kleine Minderheit zu erledigen, die den alten Unterdrücker verkörpert. Aktive Gegner müssen unnachsichtlich bekämpft werden.* In dem geschickten Heranziehen der Masse und in der erbarmungslosen **Vernichtung** der Partisanen als Volksschädlinge* liegt der Erfolg. Bei geschickter Behandlung hat das Partisanentum keinen Boden mehr, die Verwaltung kommt mit wenigen Kräften aus, die Landwirtschaft kann reiche Überschüsse an das Reich abliefern und die Bevölkerung wird mit ihrer Arbeitskraft willig alles tun, um die Lasten des Krieges, den sie als den ihren ansieht, mit uns gemeinsam zu tragen. Die entscheidend wichtige Sicherung der bedeutenden Ernährungsüberschüsse des Landes kann nur durch willige Mitarbeit aller landwirtschaftlichen Berufstätigen gewährleistet werden. Die bolschewistischen Erfahrungen zeigen, daß auch die schärfsten Druckmaßnahmen nicht zu gleichen Erfolgen führen, wie freiwillige Mitarbeit. Die Beibehaltung der Kolchose und der kriegsbedingte Mangel an Konsumgütern kann der Bevölkerung durch Propaganda leicht verständlich gemacht werden, da

---

* absichtliche Benutzung des NS-Jargons (vgl. „*Einführung in die zweite Denkschrift*") /ZFI

ihr diese Erscheinungen aus Sowjetzeiten gewohnt sind. Jedermann muß allerdings wissen, warum er Mangel leidet oder übernormal arbeitet, ebenso eine zeitliche Begrenzung der Mangelperiode sehen. Nie sind die Grundlagen für eine erfolgreiche Verwaltung nach der Mißwirtschaft des Bolschewismus günstiger, selten ein Volk bei richtiger Behandlung zur Mitarbeit bereiter gewesen. Wenn auch Notzeiten nicht geeignet sind Menschen zu gewinnen und gleichzeitig hohe Überschüsse aus einem Lande herauszuholen, so ist das hier doch bei richtiger Verwaltung ohne ernste Widerstände möglich.

3. Stimmung und Lage der Bevölkerung Ende Oktober 1941

Die Stimmung der Bevölkerung hat sich meist schon wenige Wochen nach dem Einrücken der deutschen Truppen wesentlich verschlechtert. Woran liegt das? Wir zeigen — nicht nur durch die Kampfmethoden der Bolschewisten verbittert — eine innere Abneigung, ja einen Haß gegen dieses Land und eine Überheblichkeit gegen dieses Volk, die jede positive Zusammenarbeit von selbst ausschließen. Daß wir im dritten Kriegsjahr stehen und in einem unwirtlichen Lande den Winter über bleiben müssen, bringt manche Schwierigkeiten mit sich, die durch Haltung und Selbstdisziplin zu überwinden sind.

Wir dürfen aber nicht unsere Mißstimmung über dieses Land an eine Bevölkerung auslassen, die vor der Sorge um die nackte Existenz steht und einem schweren Winter entgegengeht. Es kann festgestellt werden, daß von uns häufig Juden und Ukrainer verwechselt werden, daß die gegenüber den Juden angewandte Behandlung häufig auf die Ukrainer übertragen wird und dort zu einer ernsten Verbitterung wird. Gewiß muß die Bevölkerung jede Übertretung unserer

Gesetze fürchten. Aber wir behandeln sie häufig so, als wenn sie alles aus Furcht vor Strafe tun sollten — wie im Bolschewismus. Die Folge davon ist, daß der Erfolg der für uns notwendigen Arbeit nicht allzu groß ist, abgesehen davon, daß uns die Bevölkerung bald hassen muß.

Gewiß sind Fälle vorgekommen, wo deutsche Soldaten zu unserem Schaden zu vertrauensselig waren; wieviel häufiger waren aber die Fälle, in denen wir unpsychologisch gehandelt haben und durch leicht zu vermeidende Fehler alle Sympathien bei der Bevölkerung verloren haben. Das Erschiessen von Gefangenen, die nicht weiterlaufen können, mitten in Dörfern und größeren Ortschaften und das Liegenlassen der Leichen sind Tatsachen, die die Bevölkerung nicht verstanden hat und die schlimmsten Zerrbilder der feindlichen Greuelpropaganda bestätigen.* Die Aufklärung der Truppe über die Behandlung der Bevölkerung ist völlig ungenügend. Der Erlaß über die Kolchose ist der Mehrzahl der Offiziere nicht bekannt. Die Bevölkerung auf dem Lande ist über ihre Zukunft völlig im ungewissen. Der Erlaß über die Kolchose wurde häufig negativ ausgelegt. Statt zu betonen, daß wir das Privateigentum wieder aufbauen wollen, wenn auch erst später, wurde der Wunsch der Bauern auf Vergrößerung des Eigenlandes als aussichtslos bezeichnet. Die Beschaffung der Lebensmittel führte auch zu großen Schwierigkeiten. Da die AVL** der Truppe die Besorgung der Lebensmittel weitgehend überlassen, sind die Kolchosen in der Nähe der großen Heeresstraßen und der größeren Städte bereits meist ohne Zuchtvieh, ohne Saatgetreide und ohne Saatkartoffel (Poltawa). Natürlich steht die Versorgung der eigenen Truppe an erster

---

* Die Täter — SS-Einsatzgruppen — werden hier absichtlich nicht genannt, um dem Reichsführer-SS nicht die Möglichkeit zu geben, die Vorlage der Denkschrift zu verhindern (vgl. „*Einführung*"). /ZFI

** AVL= Armeeversorgungslager /ZFI

Stelle, aber die Art, wie sie gedeckt wird, ist nicht gleichgültig. Die Requisition des letzten Huhnes ist psychologisch genau so unklug wie das Abschlachten tragender Säue und der letzten Kälber volkswirtschaftlich unklug ist. Wir sabotieren hier die Maßnahmen unserer eigenen Landwirtschaftsverwaltung. Niemand denkt daran, daß die an sich stark zerstörte Wirtschaft dieses Landes unsere Wirtschaft ist, die unbedingt aufgebaut werden und mit deren Hilfsmitteln und Beständen sparsam umgegangen werden muß, wenn sie im nächsten Jahr die Armee ernähren und namhafte Überschüsse in die Heimat abgeben soll. Die Versorgung der größeren Städte ist nur sehr beschränkt möglich. Gerade hier war unsere Propaganda unzureichend. Statt die Bevölkerung über die Schwierigkeiten aufzuklären und sie zur Selbsthilfe aufzufordern — war es nicht möglich, in einer Stadt wie Poltawa eine ukrainische Zeitung herauszugeben, weil kein Zensuroffizier die Verantwortung übernehmen wollte? Die Bevölkerung, die bisher straff geführt wurde und gewohnt ist geführt zu werden, ist führerlos. Sie steht abseits; sie fühlt, daß wir auf sie herabsehen, daß wir in ihrem Arbeitstempo und in ihren Arbeitsmethoden Sabotage sehen, ja, daß wir gar nicht den Versuch machen, den Weg zu ihr zu finden. Unter diesen Umständen wirkt auch der Lebensmittelmangel in den Städten als Anklage gegen uns. Die Ukrainer haben den Sowjets die Hungersnot von 1933 heute noch nicht vergessen. Die Bevölkerung glaubt zu sehr an unser Organisationstalent und kann daher nicht verstehen, daß nach einer guten Ernte trotz aller Kriegszerstörungen eine Stadt wie Kiew nicht notdürftig ernährt werden könnte. Eine Hungersnot großen Ausmaßes in Kiew wird uns das Ukrainertum nicht vergessen, einen großen Teil der Bevölkerung unseren Gegnern in die Hände spielen und der Zulauf zu den Partisanen wird eine ernste Gefährdung unserer Nachschubwege verursachen. Die aus der Stadt aus Hunger aufs Land getriebenen Ukrainer werden unter der für uns so wichtigen Landbevölkerung ernst zu nehmende Propagandisten gegen uns sein. Zusammenfassend ist zu sagen: Wir haben in wenigen Wochen viele Sympathien im Lande verloren. Je kritischer wir unsere eigene Stellung und unsere Maßnahmen der vergangenen Wochen in ihrer Wirkung auf die Bevölkerung sehen, umso leichter ist es, die Gefahren daraus zu erkennen und Abhilfe zu schaffen.

4. Gefahren wachsender Not und Mißstimmung in der Bevölkerung

Behandeln wir die Bevölkerung nicht als Mitarbeiter an der großen Aufgabe, sondern als Ausbeutungsobjekt, wie es der Bolschewismus tat, so wird der in der Bolschewistenzeit zähe aktive und auch passive Widerstand bei der Ausdehnung des Landes und den vorhandenen Verkehrsschwierigkeiten zu einer ernsten Gefahr. Die Bevölkerung ist illegalen Widerstand seit langem gewohnt. (Das Partisanentum besteht hier seit Jahrhunderten). Ein Partisanentum, das von der örtlichen Bevölkerung unterstützt wird oder sich sogar aus ihr rekrutiert und durch bolschewistische Agenten geschickt gelenkt wird, kann auf die Dauer nicht wirksam bekämpft werden. Es kann durch Sprengungen von Brücken und Eisenbahnen, Überfälle auf Autos, Zerstörung von landwirtschaftlichen Maschinen und Vorräten u. a. großen Schaden anrichten. Die feindliche Propaganda wird nichts unversucht lassen, den Widerstand der Partisanen anzufachen, um dadurch unsere Nachschubwege zu stören. Bei einer möglichen russischen Abwehrfront an Wolga und Kaukasus ist die Sicherheit des Nachschubes eine absolute Notwendigkeit. Der Feind kann sich bei der Propaganda des passiven und aktiven Widerstandes verschiedener Tatsachen bedienen, die ihm bei dieser Arbeit zu Hilfe kommen.

Diese sind:
1. Der durch den Krieg gegebene Mangel an Lebensmitteln und Konsumgütern aller Art.
2. Fehler, die von uns in der Behandlung der Bevölkerung gemacht werden und die sich ungewollt daraus ergeben, daß die wenigsten Deutschen Volk, Land und Sprache kennen.
3. Der Nationalismus der Russen, Ukrainer, Polen und Tschechen.
4. Der Panslawismus, der in der letzten Zeit eine Aktivierung erfahren hat.
5. Unsere durch Kriegsnotwendigkeit gegebenen Fehler im Jahre 1918.

Zu 3. und 4.:

Beide Tatsachen werden bei der im östlichen Menschen liegenden Veranlagung zur ideologischen Begründung keine geringe Wirkung haben. Die These, daß die mit Polen und Russen verfeindeten Ukrainer auf Gedeih und Verderb auf Deutschland angewiesen seien, ist eine Selbsttäuschung. Bei hartem Druck finden sich auch alte Feinde wieder zusammen.

Hat diese Propaganda Erfolg und wird der Widerstand allgemein, so ist zu einer wirksamen Bekämpfung soviel Polizei und Truppe notwendig, daß starke eigene Kräfte im Lande gebunden werden, ohne die Gewähr der Sicherheit zu geben. Auch die beste Polizei kann den vollen Schutz der Nachschubwege nicht gewährleisten.

Neben der Sicherung der Nachschubwege besteht die zwingende Notwendigkeit, aus dem Lande alles für die Sicherstellung der deutschen Ernährung herauszupressen.* Hier ist viel gefährlicher als der aktive Widerstand des Partisanentums der passive Widerstand, die Sabotage der Arbeit, die mit noch weniger Aussicht auf Erfolg bekämpft

* absichtliche Benutzung des NS-Jargons (vgl. „*Einführung*") /ZFI

werden kann. Durch keine Abwehrmaßnahmen gegen den passiven Widerstand ist zu erreichen, daß die gleichen Mengen an landwirtschaftlichen Erzeugnissen geliefert werden, die bei freiwilliger Abgabe dem Reich zur Verfügung gestellt werden können. Wenn auch die Mechanisierung der Landwirtschaft den Einfluß der menschlichen Massenarbeit herabsetzt und die Erfassung der Ernte erleichtert, so sind wir doch in den nächsten Jahren auf Hand und tierische Arbeit angewiesen. Hier sind die Möglichkeiten des passiven Widerstandes besonders groß. Der Bolschewismus bietet das beste Beispiel. Jede Unterdrückungspolitik muß in diesem Lande mit einem ungeheueren Beamtenapparat, mit einem lückenlosen Kontrollsystem und mit geringsten wirtschaftlichen Leistungen enden. Dieses warnende Beispiel geringsten Erfolges bei höchstem Aufwand sollte uns davor bewahren, da zu zwingen, wo wir freiwillig mit geringstem Einsatz an eigenen Menschen höchste Leistungen erzielen können.

5. Notwendige Maßnahmen

a) Innerhalb der deutschen Truppe und Verwaltung
b) Gegenüber der ukrainischen Bevölkerung

a) Die Truppe und zwar Offiziere und Mannschaften wie besonders alle Mitglieder der deutschen Verwaltung* müssen eingehend über die Verhältnisse dieses Landes aufgeklärt werden. In Vorträgen vor Offizieren und Merkblättern muß auf die Gefahren des aktiven und passiven Widerstandes durch falsche Behandlung der Bevölkerung aufmerksam

* Die von Hitler persönlich eingesetzten Reichskommissare waren Leiter der deutschen Verwaltung (ca. 200 km hinter der Front). In der Ukraine war es der berüchtigte Gauleiter von Ostpreußen, Erich Koch, ein ehemaliger Eisenbahnarbeiter aus Wuppertal. Als er sein Amt antrat, erschien er mit Reitpeitsche in Rowno und propagierte ein „*kommendes Kolonialreich im Osten*"! /ZFI

gemacht werden. Jeder Deutsche in diesem Lande muß darüber belehrt werden, daß er in der hiesigen Bevölkerung nicht nur Bolschewisten sehen darf — wie das leider häufig geschah — denn sie hat ja zum großen Teil heldenhaft gegen den Bolschewismus gekämpft und durch ihn Furchtbares erduldet. Er muß lernen, sich nicht durch Äußerlichkeiten täuschen zu lassen, sondern die Folgen der letzten 20 Jahre zu verstehen. Die Bevölkerung ist als Folge dieser letzten 20 Jahre arm, also schlecht gekleidet, sie arbeitet immer nur für andere, ist also nicht so fleißig wie wir, sie war immer unterdrückt, ist also nicht selbständig und aktiv. Man darf diese Verhältnisse nicht mit den Unseren vergleichen. Es ist schwer, für die Behandlung der Bevölkerung feste Richtlinien zu geben. Die Herrschaft in diesem Land verpflichtet uns zu Leistung, Gerechtigkeit und Härte gegen uns selbst. Jede, auch die geringste Handlung jedes Deutschen in diesem Land wird dauernd beobachtet und wirkt für uns oder gegen uns, sie macht die feindliche Propaganda unmöglich oder gibt ihr Ansatzpunkte, sie steigert die wehrwirtschaftliche Leistung dieses Landes oder schwächt sie. Daran muß jeder Deutsche dauernd denken, wenn er seine Aufgabe hier erfüllen will. Wer diese klare Einstellung nicht findet, muß ausgeschaltet,* wer aus Egoismus die Grundlage der Wirtschaft zerstört oder durch Mißhandlung der Bevölkerung das deutsche Ansehen schädigt, muß streng bestraft werden. Geschieht das nicht, so muß die moralische Rückwirkung dieses Landes auf uns selbst verheerend sein. Die Gefahr besteht, daß die negativen Rückwirkungen dieser Fehler auf uns selbst viel größer sind als auf die Bevölkerung. Insofern haben wir, abgesehen von der Sicherung der Nachschubwege und der landwirtschaftlichen Überschüsse, aus eigenstem Interesse allen Grund dazu, unsere innere Einstellung zu Volk und Land zu ändern.

---

* absichtliche Verwendung des NS-Jargons (vgl. „*Einführung*") /ZFI

b) Für die zu ergreifenden Maßnahmen ist davon auszugehen, daß wir Menschen sparen müssen und daß der willige Arbeitseinsatz der ukrainischen Bevölkerung für die Erreichung unserer Ziele eine absolute Notwendigkeit bedeutet. Da die drei sichersten Ordnungsfaktoren: Arbeit, Brot und Konsumgüter in nächster Zeit nicht in genügender Menge zur Verfügung stehen, muß versucht werden, alles auszuschalten, was außer den unumgänglich notwendigen Lasten der Bevölkerung das Leben schwer macht, bzw. muß man bemüht sein, diese Lasten durch kleine Hilfen tragbarer zu gestalten. Als erste Voraussetzung wäre es notwendig, jede Maßnahme auf ihre Wirkung auf lange Sicht zu prüfen und festzustellen, ob der Augenblickserfolg in einem Verhältnis zu der möglichen Dauerschädigung steht.

Folgende Maßnahmen werden vorgeschlagen:

1. auf nationalem und kulturellem Gebiet:

a) Propaganda

1. Über das Leben in Deutschland (dieses würde der Feindpropaganda viele Möglichkeiten nehmen, z. B. Greuellügen über die Rassegesetze).

2. Begründung der Kriegsnotwendigkeit und ihre Folgen für die Ukrainer.

3. Propaganda in der Landfrage, um Höchstleistungen zu erzielen.

4. Großraumpropaganda „die Ukraine in Europa".

b) Förderung des Schulwesens, vor allem der Volks-Landwirtschafts- und Gewerbeschulen, um die halbwüchsige Jugend von der Straße in feste Erziehung zu bringen.

c) Bildung von Hilfsverbänden, z. B. den des „Roten Kreuzes" durch die ein Teil der stark politisierten weiblichen Intelligenz gebunden wird.

2. auf wirtschaftlichem Gebiet:

a) Weckung der persönlichen Initiative, Einrichtung von selbständigen Handwerksbetrieben in den Städten.

b) Prämiensysteme für alle Leistungen die der persönlichen Initiative Einzelner entspringen. Öffentliche Bekanntgabe solcher Prämien.

c) Großzügiges Kreditwesen zur Wiederingangsetzung des städtischen gewerblichen Lebens.

d) Schnelle Verschickung von Spezialarbeitern nach Deutschland. Ausnutzung derselben für Propagandazwekke, dadurch daß man ihnen reichliche Postgelegenheit gibt.

e) Beitreibung der landwirtschaftlichen Erzeugnisse auf dem Lande nicht durch Deutsche, sondern durch Einheimische. Auch hier wirtschaftliche Besserstellung dieser Helfer und weitgehendes Prämiensystem.

3. auf dem Gebiet der Sicherheit:

a) Weitgehender Durchbau der ukrainischen Hilfspolizei in Art wie bei 454. Sich. Div.* eingerichteten Kasernierung, Uniformierung und Bewaffnung. Verwendung für alle Sicherheitsaufgaben auf dem Land.

b) Organisation des Partisanen-Meldedienstes nach bekanntem A-B-C-Schema** auch im Armeegebiet. Wirtschaftliche Besserstellung aller Elemente, die sich für Zwecke der Sicherung der deutschen Herrschaft zur Verfügung stellen.

Bei schneller Durchführung dieser Maßnahmen kann viel erreicht werden, um das sinkende Vertrauen wieder herzustellen. Die Sicherung der Nachschubwege und der Ernährungsüberschüsse verlangen zwingend, einer Gefahr zu begegnen, die auf kurze wie auf lange Sicht katastrophale Folgen haben kann. Ehre und Ansehen des deutschen Volkes verlangen außerdem, daß ein Volk, das in keiner Weise feindlich gegen uns eingestellt ist, eine Behandlung erfährt, die es ihm ermöglichen, mit uns aus Überzeugung zusammenzuarbeiten und die Vergangenheit innerlich zu überwinden.

---

* Sich. Div.= Sicherungsdivision /ZFI

** A-B-C-Schema= Alarmplan /ZFI

Einführung in die dritte und vierte Denkschrift

Die kriegsentscheidende Schlacht um Moskau ging, weil Hitler die darauf ausgerichtete Planung umstieß, im Winter 1941/42 verloren. Im Herbst 1942 standen deutsche Truppen an der französischen Atlantikküste und auf Kreta, in Nordafrika und in Norwegen, vor Leningrad und in Stalingrad, am Terek (Kaukasus) und auf der Krim.

Deutsche U-Boote operierten gegen Flottenverbände der in den Krieg eingetretenen USA; die ersten großen Angriffe der englischen Luftstreitkräfte hatten die drei alten Hansestädte, hatten Frankfurt, Düsseldorf und Mainz schwer getroffen. Millionen von Kriegsgefangenen mußten in der deutschen Industrie und Landwirtschaft arbeiten — litten aber auch in unzureichend versorgten Lagern.

Freiwilligenverbände aus fast allen europäischen Völkern kämpften innerhalb der Wehrmacht und innerhalb der Waffen-SS an der Ostfront; die Zahl der „*Hiwis*" (Hilfswillige = ehemalige Rotarmisten) überstieg innerhalb der Heeresverbände die erste Million. Gleichzeitig setzten die furchtbaren, weitgehend geheimgehaltenen Aktionen zur Vernichtung aller jüdischen Menschen ein, geplant und durchgeführt von einer zum äußersten entschlossenen Gruppe fanatischer Anhänger Hitlers, die sich seinem satanischen Größen- und Rassenwahn verschworen hatten: Gauleiter, Reichskommissare, politische Leiter und die Gestapo mit dem „*Reichsführer-SS*" an der Spitze.

Hitler schien sich nur noch auf diese Gruppe zu verlassen. Hohe und höchste Truppenführer und Stabschefs dagegen, die Verantwortung für Hunderttausende von Soldaten und für riesige Fronten trugen, wurden abgelöst, durch andere ersetzt, die oft ebenfalls nach kurzer Zeit ausgewechselt wurden. Doch die Machtstellung des *„Führers und Oberbefehlshabers"* schien kaum erschüttert, so daß z. B. sein ideologisch bestimmter Wahnsinnsbefehl, Stalingrad — die in Hitlers (aber wohl auch Stalins)Vorstellungen fast mythischen Charakter annehmende *„Stadt Stalins"* — um jeden Preis zu halten, von dem frontunerfahrenen (!) Befehlshaber der 6. Armee widerspruchslos ausgeführt wurde.

Noch war sich kaum jemand der nahenden Katastrophe bewußt; denn *„der Überblick fehlte"*, wie selbst hohe Generale angesichts der ins Riesenhafte gewachsenen Räume argumentierten — und sich den Entscheidungen Hitlers beugten.

Einer der wenigen, der die wirkliche Situation erkannte, war Admiral Canaris, dem als Chef der Abwehrabteilung im OKW der Gesamtüberblick möglich war. Doch er lag im ständigen Widerstreit mit dem Reichssicherheitshauptamt (beim Reichsführer-SS) und dem Chef des OKW, dem Hitler fast sklavisch ergebenen Feldmarschall Keitel. Dennoch gelang es ihm, die von Oberländer (und anderen) vorgeschlagenen Freiwilligenverbände zu vergrößern; die Russische Volksarmee (ROA) wurde gegründet, der russische Generalleutnant Wlassow stellte sich den Deutschen zur Verfügung, der ehemalige Militärattaché beim Deutschen Botschafter in Moskau, General Köstring, konnte endlich seine große Erfahrung beim Aufbau und Einsatz der Freiwilligenverbände nutzen. (Vom Oberbefehlshaber der Heeresgruppe A, Generaloberst von Kleist — er hatte gerade Feldmarschall List abgelöst —, wird berichtet, er habe beim Eintreffen Köstrings geäußert: *„Ich freue mich, Sie hier zu* *sehen. Mich bedrückt der riesige Raum. Mich bedrückt die Masse der Menschen, in der wir verloren sind, wenn wir sie nicht gewinnen.")*

Im Juli/August 1942 war der Sonderverband „*Bergmann*" unter seinem inzwischen zum Hauptmann beförderten Kommandeur Dr. Oberländer nach rund achtmonatiger Ausbildung an die Kaukasusfront gegangen. Er bestand aus fünf Kompanien, die sich aus Georgiern, Kaukasiern, Aserbaidschanern und Armeniern zusammensetzten, insgesamt 1100 Mann. Die Eidesformel enthielt den entscheidenden Satz: „*Im Kampf um die Befreiung der Heimat*". Hohe Offiziere des OKW hatten sich vom guten Ausbildungsstand der Truppe überzeugt; am 7./8. Juli besichtigte Admiral Canaris abschließend den Verband.

Trotz schwerer Verluste im Elbrus-Terek-Gebiet erhöhte sich der Truppenbestand durch neu hinzugekommene Freiwillige auf 2.983 Mann (Nov. 42); es wurden 12 Kompanien und 2 Schwadrone gebildet; die Waffen lieferte der Feind (Oberländer, „*Erinnerungen SV Bergmann*", S. 26 u. 37).

Die eindrucksvollen Erfahrungen, die Oberländer mit seinen Freiwilligen machte, die erschütternden Nachrichten, die er über Canaris von dem wahnwitzigen Verhalten der Reichskommissare und ihren nachgeordneten Dienststellen erhielt, führten zu weiteren Denkschriften. Darin gingen er und seine Mitarbeiter — ein kleiner deutsch-georgischer Arbeitskreis — auf die „*veränderte Haltung der Bevölkerung*" ein und nannten die Ursachen dafür unmißverständlich beim Namen.

Die bisherigen Denkschriften hatten eine weite Verbreitung — auch in der Truppe — gefunden. Die Schlußfolgerungen der zweiten schienen selbst Hitler nachdenklich gemacht zu haben. Vielleicht gelang es doch noch, in letzter Stunde eine Wende herbeizuführen und durch klare und schnelle Maßnahmen die Bevölkerung der besetzten Ostgebiete zu gewinnen.

„Es gibt Augenblicke in der Geschichte, die einmalig sind. Werden sie genutzt, sparen sie das Blut von Generationen. Nur ein wenig zu spät, kann ihr Nutzen unwiederbringlich dahin sein. Generationen können sich mühen, aber sie werden auch bei zähester Anstrengung nicht dem Schicksal entreißen, was es noch vorher zu schenken bereit war" (Leitsatz 1 der dritten Denkschrift).

Bezüglich der Texte gilt, was schon bei der Einführung zur zweiten Denkschrift gesagt wurde. Die dritte und vierte Denkschrift erschienen kurz nacheinander. Bezüglich einiger Formulierungen ist wiederum darauf hinzuweisen, daß nur bei einer Anpassung an den NS-Jargon die Denkschriften der Beschlagnahme o. ä. durch Parteistellen oder Dienststellen des Reichssicherheitshauptamtes entzogen, Hitler vorgelegt und über alle zivilen und militärischen Stellen weit verteilt werden konnten. /ZFI

DRITTE DENKSCHRIFT

Herbst 1942

Die Ukraine und die militärischen (psychologischen) Notwendigkeiten der weiteren Kriegführung im Osten

— Drei Leitsätze

— Veränderte Haltung der Bevölkerung

— Die Ursachen

Wirtschafts- und Sozialfragen: die Agrarfrage — die Ablieferungsbestimmungen — die Ernährungslage — Werbung von ukrainischen Arbeitskräften — das Währungsproblem

Die deutsche Verwaltung

Die Kirche

National-kulturelle Belange

Partisanen

Drei Leitsätze!

1. Es gibt Augenblicke in der Geschichte, die einmalig sind. Werden sie genutzt, sparen sie das Blut von Generationen. Nur ein wenig zu spät, kann ihr Nutzen unwiederbringlich dahin sein. Generationen können sich mühen, aber sie werden auch bei zähester Anstrengung nicht dem Schicksal entreißen, was es noch vorher zu schenken bereit war. —

2. Waffen, Wehrwirtschaft und Psychologie sind im totalen Kriege gleichwertig. Ist einer dieser kriegsentscheidenden Faktoren im Minimum vorhanden, so setzt er die Erfolge der anderen in ihrer Wirkung herab oder gefährdet sie. Die richtige Behandlung der Bevölkerung der besetzten Gebiete ist als Teil des kriegsentscheidenden Faktors Psychologie von größter Bedeutung. —

3. Je größer die Räume, je länger die Nachschubwege, um so wichtiger ist die Zufriedenheit der in diesen Räumen wohnenden Bevölkerung und deren Mitarbeit bei der Sicherung der Nachschubwege. Sie kann Divisionen und Armeen an Bewachungstruppen sparen und so von ausschlaggebender Bedeutung für die Kriegsführung werden. —

Der Führer und Oberste Befehlshaber der Wehrmacht hat eine Verdienstmedaille für die Ostvölker gestiftet, die sich im Freiheitskampf Deutschlands gegen den Bolschewismus bewähren. Aus allen unterdrückten Völkern Rußlands, Esten, Tataren, Ukrainern und Kaukasiern haben sich Männer gefunden, die im Verbund des deutschen Heeres für die Befreiung ihrer Heimat kämpfen. Sie alle haben eine gewisse Vorstellung, wie sich das Schicksal ihrer Völker nach der Befreiung vom Bolschewismus gestalten wird. Maßgebend ist, daß dieses Zukunftsbild ausreicht, um die aktiven Elemente dieser Völker für den Kampf gegen die Sowjets zu gewinnen. Es ist dabei selbstverständlich, daß die Maßnahmen des Krieges hart auf diesen Ländern lasten. Requisitionen, ein außerordentlicher Mangel an Konsumgütern jeglicher Art und die Notwendigkeit radikaler Beitreibung von Lebensmitteln für die Versorgung des deutschen Reiches sind nicht dazu angetan, die Stimmung gegenüber dem deutschen Volke zu bessern. Aber hier ist der Grundsatz maßgebend: „nicht w a s wir fordern, ist wichtig, sondern w i e wir fordern." Jeder Ukrainer ist bereit, jahrelang mit dem deutschen Volke gemeinsam zu hungern, wenn er weiß, wofür, wenn er das feste Vertrauen hat, später dafür wieder sein Eigenland zu bekommen. Es muß jedem Angehörigen der Ostvölker immer wieder gesagt werden: „Du mußt Opfer tragen, denn Du arbeitest mit an Deiner Zukunft." Ist er auf die Dauer nicht davon überzeugt, so ist er schwer zu produktiver Arbeit zu zwingen. —

Die Ukraine ist für weiteren Operationen im Osten das wichtigste Gebiet mit den besten landwirtschaftlichen Böden, den geschicktesten Arbeitskräften und den längsten, militärisch außerordentlich wichtigen Nachschubwegen. Die Mitarbeit des ukrainischen Volkes (oder sein passiver Widerstand) ist von außerordentlicher Bedeutung in militärischer und wehrwirtschaftlicher Beziehung, nicht weniger in psychologischer. Deutsche Truppen marschieren im Nordkaukasus ein, kaukasische Freiwillige mit ihnen zusammen. Sie betrachten die Stimmung in der Ukraine und vergleichen, ob es dort so aussieht, wie sie sich künftig ihre Heimat vorstellen. Wir treffen im Nordkaukasus auf eine Menge strenggläubiger Mohammedaner. Die Art, wie wir sie behandeln, wird für die künftige Stellung des Islam gegenüber Großdeutschland besonders wichtig sein. Und die Südkaukasier werden aus dem von den Deutschen besetzten Nordkaukasus erfahren, und werden es nach Iran und Irak weitergeben, wie sich Deutschland verhält und ob Deutschland die Versprechungen seiner Propaganda voll und ganz einhält. Eine psychologische Arbeit in den eben genannten Gebieten ist an der Front nur möglich, wenn sich die Etappe, d. h. die besetzten Gebiete, den Erfordernissen der Front unterordnet. Arbeitet die Front psychologisch, so kann das Leben von Zehntausenden deutscher Soldaten gespart werden. Aber die Front kann nur psychologisch arbeiten, wenn ihr Heimat und besetzte Gebiete dabei voll und ganz behilflich sind. Die deutschen Kameraden, die mit den kaukasischen Freiwilligen gemeinsam in den Kampf ziehen, sind ihren Männern gegenüber verantwortlich, daß das in der Propaganda gegebene Wort eingehalten wird. Die Ehre des deutschen Soldaten und die Ehre des deutschen Volkes erfordern es genau so, wie die militärischen Notwendigkeiten. In diesem Sinne werfen die wenigen kurzen Bilder des nachfolgenden Berichts, wenn sie die Stimmung der Bevölkerung wiedergeben, die Frage auf, wieweit aus den Erfahrungen der Ukrainer Fehler in der künftigen Verwaltung des Kaukasus vermieden werden können. —

I. Veränderte Haltung der Bevölkerung

Die Entwicklung der Verhältnisse in der Ukraine droht eine Wendung zu nehmen, die das Maß der deutschen Erfolge und Opfer im Feldzug gegen die Sowjetunion in Frage stellen und damit kriegsentscheidende Bedeutung haben können. Hervorgerufen ist diese Wandlung durch die veränderte, zunehmend alles Deutsche ablehnende Haltung der Bevölkerung, die in der (tatsächlichen oder vermuteten) deutschen Haltung zu den Ukrainerfragen ihre Bedeutung findet. Die Bevölkerung sieht sich nicht mehr enttäuscht, wie nach den ersten Monaten der deutschen Besetzung, sondern sie fühlt sich als Objekt behandelt, rücksichtslos ausgebeutet, in ihrer materiellen, volklichen und physischen Existenz bedroht und der Vernichtung ausgesetzt. Sie fürchtet, daß die deutschen und ukrainischen Interessen in diesem Krieg endgültig auseinandergehen. Es ist mit der Möglichkeit zu rechnen, daß ihre heute noch mißtrauisch abwartende Haltung in eine feindliche umschlägt, die einer Unterstützung des Bolschewismus bzw. des von der jeweiligen Staatsform unabhängigen russischen Imperialismus gleichkommt, mit allen ihren wirtschaftlichen, militärischen und politischen Folgen für den Verlauf dieses Krieges und die Zukunft des deutschen Reiches und Europas.

II. Die Ursachen

Die Ursachen dieser Wandlung sind u. a. in Verkennung der andersartigen Denk- und Lebensformen des ukrainischen (ost-slawischen) Menschen, der Unterschätzung der moralischen Kraft und des volklich nationalen Lebenswillen des ukrainischen Volkes, der Nichtbeachtung der geistigen Elemente, die die 23-jährige Sowjetherrschaft in das Leben des ukrainischen Volkes hineingetragen hat, begründet. Sie äußern sich deutscherseits in der falschen psychologischen Einschätzung des ukrainischen Menschen und der Behandlung seiner Lebensfragen. Es gab und gibt in Europa wenige Völker, die von Haus aus so deutschfreundlich eingestellt wären wie das ukrainische. Und doch haben wir es im Laufe eines einzigen Jahres erreicht, daß es sich innerlich von uns abzuwenden beginnt, und wenn keine Wandlung eintritt, seine Zukunft im Rahmen eines von Deutschland geführten Europa nicht mehr gewährleistet sieht. —

Der Sinn dieses Krieges ist ihm verborgen und sein Ziel fremd, wenn es, wie gelegentlich zugespitzt geäußert wird, „von der russischen, wie der bolschewistischen Tyrannei in die deutsche Versklavung fallen sollte" und seine menschliche Kraft und der Reichtum seines Landes nur dazu herhalten soll, fremden Interessen zu dienen, ohne daß diese mit den eigenen gekoppelt wären. —

Die Befürchtungen des ukrainischen Volkes knüpfen sich 1. an die Tatsachen, daß deutscherseits bisher nie autoritativ zu Gegenwart und Zukunft des ukrainischen Volkes Stellung genommen wurde und 2. an die bisher erkennbaren Grundlinien der deutschen Herrschaft, die in dem ukrainischen Volk ein Volk niederer Ordnung und Ausbeutungsobjekt sieht. —

Soweit die ukrainische Auffassung. Ohne dazu Stellung nehmen zu wollen, sei auf eine Reihe von Tatsachen und psychologischen Fehlern hingewiesen, die u. E. von entscheidender Bedeutung für den Ausgang des Ringens sowie für die zukünftige Befriedung und Gliederung des Ostens sind. —

1. Wirtschafts- und Sozialfragen

a) die Agrarfrage

Die Agrarfrage ist im Osten seit tausend Jahren offen. An ihr scheiterten in der Ukraine der polnisch-litauische Staat, nachher das zaristische Rußland und nicht weniger die deutsche Verwaltung im Jahre 1918. Es ist bekannt, in welchem Maße der bolschewistische Versuch, das Agrarproblem zu lösen, zur inneren Schwächung der Sowjet-Union und zur Verminderung des Widerstandes geführt hat. Die neue deutsche Agrarordnung, vom Bauern lange erwartet, als Übergangsstadium gedacht, stellt dem bodenhungrigen Bauern das ersehnte Endziel einer gerechten Bodenverteilung vor Augen.

So versteht er die Agrarordnung. Um dieses Endzieles willen hat der Bauer im vergangenen Jahr so eifrig und schwer gearbeitet, wie in diesem Lande nur selten gearbeitet worden ist. Er weiß, daß die Landverteilung unter den gegenwärtigen Verhältnissen nur langsam und stufenweise erfolgen kann und fügt sich diszipliniert, wenn auch etwas ungeduldig dieser Ordnung. Dazu kommt, daß der Bauer durch die besonderen Verhältnisse des vergangenen Jahres sein gutes, wenn auch nicht reichliches Auskommen hatte. —

Die Kritik setzte bei der sehr zurückhaltenden Anwendung der Agrarreform, vor allem in Bezug auf die Verdoppelung des Hoflandes ein, so daß die Masse der Bauern keine Besserung der Lage gegenüber der Sowjetzeit erfahren hat „außer, daß sich der Name der Zwangswirtschaft geändert hat und wir schwerer arbeiten müssen." Stutzig machen die Bauern Gerüchte von der Rückkehr der Großgrundbesitzer und gelegentliche deutsche Äußerungen, daß der Boden in deutschem Besitz bleiben würde, ohne daß von deutscher maßgeblicher Seite dazu Stellung genommen wurde. Mißtrauisch sieht der Bauer sein ersehntes Ziel in weite Fernen entrückt und da und dort werden heute bereits Gedanken geäußert, „wem gehört eigentlich unser Boden? Den Deutschen?" Mit einer zunehmenden Verquickung der Agrar- mit der nationalen Frage ist zu rechnen und im Zusammenhang damit mit einer sozialen und nationalen Radikalisierung des ukrainischen Bauerntums. Entscheidend wird hierin Tempo und Art der Durchführung der Agrarordnung sein. Sie kann unter Umständen bald überholt sein, wenn der Bauer das Vertrauen zur deutschen Führung nicht wieder gewinnt. —

Die zweifellos trotz Unzulänglichkeiten und Zukunftsbefürchtungen günstige Wirkung der Agrarordnung wird aufgehoben durch die radikalen Ablieferungsbestimmungen, durch die sich der Bauer um den Erfolg seiner Arbeit und seines Fleißes gebracht und in deren Licht er die deutsche Agrarpolitik sieht. —

b) Die Ablieferungsbestimmungen

Diese gehen nach Mitteilung maßgeblicher deutscher Wirtschaftskreise von der Voraussetzung aus, „daß in dieser

Beziehung in der Ukraine keine Maßnahmen ergriffen werden können, die zu Halbheiten führen." Die Ablieferungen sind total und werden zwangsweise eingetrieben. Die Bestimmungen sehen zwar vor, daß von der Beschlagnahme unter anderem die zur Ernährung der landwirtschaftlichen Bevölkerung notwendigen Lebensmittel ausgenommen sind. Andererseits sind diese Mengen so knapp bemessen, daß sie zur Ernährung und Erhaltung der Arbeitskraft nach Ansicht der Landbevölkerung nicht ausreichen. In einem Fall wurden pro Kopf 300 gr Brot, im anderen 500 gr Getreide, im dritten 20 Kilogramm bis zur Ernte (etwa alle zwei bis drei Monate) als belassene Menge angegeben. Zwar heißt es in den Ablieferungsbestimmungen, daß das Getreide nicht enteignet, sondern beschlagnahmt und aufgekauft wird. Im Ergebnis aber ist es gleich. Denn das Getreide wird zu festen Preisen, nach der heutigen Kaufkraft des Geldes zu einem Bruchteil seines Wertes abgenommen. Der Bauer kann dafür nicht entsprechend kaufen. So fühlt er sich um den Lohn seiner Arbeit gebracht und spricht „von deutschem Betrug und Raub". Der Bauer verfolgt die Maßnahmen der deutschen Verwaltung mit Haß und bringt sie im Vergleich mit der bolschewistischen Zwangsherrschaft. Massenweise werden auf dem Lande Getreide und sonstige haltbare Ernährungsgüter vergraben, um sich vor Knappheit oder Hunger im kommenden Jahr zu schützen. Aussprüche wie „die Deutschen sollen sich an dem Geraubten totfressen" oder „wir warten auf die Stunde, in der wir es den Deutschen vergelten können", geben einen tiefen Einblick in die verbitterte Stimmung der Landbevölkerung. —

Es kann kein Zweifel bestehen, daß die Ernährungslage in der Heimat eine weitestgehende Ausnutzung der landwirtschaftlichen Erträgnisse in der Ukraine erfordert. Gerade dieses Ziel aber wird in Frage gestellt, wenn sich der ukrainische Bauer um den Lohn seiner Arbeit und die Hoffnung auf einen Eigenbesitz gebracht sieht. In diesem

Fall dürfte es kaum möglich sein, ihn zur weiteren angespannten Arbeit und zur Erwirtschaftung von Überschüssen zu bringen, es sei denn, daß man jedem Bauern einen Polizisten beigibt. Die freiwillige Mitarbeit des Bauern hängt daher von einer großzügigen und rascheren Anwendung der Agrarreform und weiter davon ab, ob es möglich sein wird, ihn zur bewußten Mitverantwortung an der wirtschaftlichen Sicherung des Sieges heranzuziehen. Er will nicht Ausbeutungsobjekt und zu sklavischem Gehorsam gezwungenes Subjekt sein, sondern Mitarbeiter an seiner, seines eigenen und des deutschen Volkes Zukunft. Wenn man vom ukrainischen Bauern 100 % abverlangt, bekommt man 60 %, wenn man 80 % einfordert, bekommt man 80 %.

Die Sicherung von Ernteüberschüssen in der Ukraine ist aufs engste mit der deutschen Haltung dem ukrainischen Bauern gegenüber verbunden und steht in ursächlichem Zusammenhang mit der allgemeinen deutschen Haltung zur Ukrainerfrage. —

c) Die Ernährungslage

Das kommende Jahr (bis zur nächsten Ernte) wird aller Voraussicht nach zu einem schweren Krisenjahr werden, in dem von der ukrainischen Bevölkerung große Entbehrungen und Opfer abverlangt werden müssen. Nach Mitteilungen deutscher Stellen reichen die zu erwartenden Erträgnisse an Wintergetreide nicht aus, um die Herbstbestellung zu sichern. Das errechnete Gesamtergebnis der Getreideernte weist einen erheblichen Fehlbetrag auf, wenn wie notwendig größere Getreidemengen der Heimat zugeführt und Truppe wie Zivilbevölkerung versorgt werden müssen. Es sind auf Kosten der ukrainischen Bevölkerung radikale Sparmaßnahmen vorgesehen. Meldungen aus den Gebieten zufolge, die Winter und Frühjahr über im Frontbereich lagen, herrscht in diesen sogen. „Kahlfraßgebieten" Hungersnot. In einzelnen Gemeindewirtschaften fallen heute bereits bis zu 25 % der Arbeitskräfte wegen physischer Erschöpfung aus. Zumal die städtische Bevölkerung und die Bevölkerung der Industriegebiete bereitet sich auf ein Hungerjahr vor. —

d) Werbung von ukrainischen Arbeitskräften im Reich

Amtlichen Mitteilungen zufolge ist in der Ukraine die Zahl der Menschen, die sich freiwillig zur Arbeit ins Reich melden, bereits „restlos erfaßt und abtransportiert". Im Lande selbst herrscht ein vielfach katastrophaler Mangel an Arbeits- und vor allem an Fachkräften, so daß der örtliche Bedarf (Truppe, OT*, wehrwirtschaftliche Betriebe, Bergbau usw.) kaum befriedigt werden kann. Notwendige Wiederherstellungs- und Aufbauarbeiten müssen zurückstehen, bereits in Gang gebrachte Betriebe zusammengelegt werden. In manchen Gebieten der Ukraine fallen auf je 100 ha Land nur noch 22 Arbeitskräfte, meist Frauen. Eine rationelle Bodenbearbeitung oder Erweiterung der Anbaufläche ist in diesen Gebieten ausgeschlossen, zumal ausreichende Zugkraft fehlt. —

Sollte ein weiterer Abzug von Arbeitskräften aus der Ukraine infolge der Arbeitslage im Reich unausweichlich sein, so muß in weit stärkerem Maße als bisher die Bevölkerung verantwortlich herangezogen, d. h. ihre kriegsnotwendige Mitarbeit hervorgehoben werden. Fälle wie die**, daß Arbeitskräfte zwangsweise ausgehoben und **gebunden**

---

* OT = Organisation Todt, eine von Generalinspekteur Fritz Todt († 8. 2. 1942) gegründete, selbständige Organisation zum Bau von kriegswichtigen Anlagen /ZFI

** erneute scharfe Kritik an der Ostpolitik der Reichskommissare /ZFI

zum Abtransport gebracht werden, erbringen unschätzbaren Schaden, ebenso wie Nichteinhaltung der amtlichen deutschen Zusicherungen betreffend Erhaltung der zurückgebliebenen Familienangehörigen. Jede dieser unversorgten bettelnden Familien ist eine Anklage gegen das Reich und wird auch als solche empfunden. —

e) Das Währungsproblem

Durch die Kriegsereignisse sind die Waren vom Markt verschwunden, während die Rubelbestände in den Taschen der Ukrainer die gleichen blieben. Daraus ergibt sich ein volkswirtschaftlich gefährliches Mißverhältnis von Ware und Geld. Um diese überflüssige Kaufkraft abzuschöpfen, ist es richtig, sie im Sinne des eisernen Sparens* aus dem Verkehr zu ziehen, um sie dem Besitzer später in den Zeiten leichterer Konsumgüterbefriedigung zur Verfügung zu stellen. Die Schaffung des Karbowanez** verfolgt in den Augen der Bevölkerung diesen Zweck nicht. Man ist der Ansicht, daß eine derartige Festlegung des Geldes auch in Rubelbeträgen hätte erfolgen können. Die Bevölkerung fürchtet, daß ihr diese Beträge verloren gehen, beginnt dadurch Geld überhaupt abzulehnen und lediglich zu tauschen. Die Schaffung des Karbowanez hat den großen Nachteil, daß das deutsche Reich eine Währung geschaffen hat, für deren Funktionieren es die volle politische, moralische und tatsächliche Haftung übernimmt. Bei Fortdauer der Rubelwährung konnte man ihre Fehler den Bolschewisten zur Last legen. Beim Karbowanze ist das nicht möglich. Der Augenblick für die Einführung der neuen Währung ist nicht glücklich gewählt. Das Mißtrauen der Bevölkerung gegen

* eine damals im Reich übliche Sparform /ZFI

** eine künstliche Kriegswährung für die Ukraine /ZFI

deutsche Maßnahmen ist bereits groß und wird durch die radikalen landwirtschaftlichen Erfassungsmaßnahmen gesteigert. Währungen benötigen aber genau so das Vertrauen der Bevölkerung wie neue politische und wirtschaftliche Ordnungen.

Die Bevölkerung sieht in der Einführung des Karbowanez ein Mittel der deutschen Verwaltung, sie voll zu enteignen. Eine Auffassung, die in der gesamten Bevölkerung von schwersten Folgen für ihr weiteres Verhältnis zu Deutschland und damit für die Kriegsführung sein muß. Es ist mit Recht seitens der militärischen Stellen vor der Einführung der neuen Währung dringend gewarnt worden, weil der kommende Winter eine kritische Zeit darstellt, die keine weiteren psychologischen Fehlleistungen verträgt und weil die Stimmung hinter der Front gerade in den nächsten Monaten für die militärischen Ereignisse von besonderer Bedeutung ist.

f) Die deutsche Verwaltung

Ähnlich wie im Weltkrieg hat die deutsche Militärverwaltung auch jetzt in der Ukraine sofort Schulen eingerichtet, kulturelle und soziale Arbeit zu fördern gesucht, eine Verwaltung der Gebiete unter weitgehender Heranziehung von einheimischen Kräften aufgebaut und eine Beruhigung und Ordnung der Gebiete durchgeführt. Nach Übernahme der Gebiete durch die Zivilverwaltung hat diese unter Beiseitestellung der von der Militärverwaltung geleisteten Arbeit und durchgeführten Ordnung nach neuen Grundsätzen zu regieren begonnen. Die meisten Maßnahmen der Militärverwaltung wurden außer Kraft gesetzt, so z. B. die von der Militärverwaltung eröffneten Schulen unter der Begründung des Kohlenmangels, der Ansteckungsgefahr oder des Mangels an Unterrichtsbüchern wieder geschlossen. Die Ukrainer glauben, daß diese Maßnahmen der wehrwirtschaftlich und politisch kurzsichtigen und auf die Dauer nicht vertretbaren Auffassung entsprangen, daß die Bevölkerung kulturell nicht gebildet werden dürfe. —

Die Zivilverwaltung geht von der Voraussetzung aus, in der Ukraine ein Vacuum von Menschen gefunden zu haben, die minderwertig, zu einer Aufbauarbeit nicht würdig, fähig und geeignet sind. Das ganze Leben ist unter Ausschaltung der bodenständigen Bevölkerung neu zu ordnen begonnen worden, wobei letzterer nur die Rolle von blind zu gehorchenden Ausführungsorganen zugestanden wurde. Von dieser unrichtigen Grundvoraussetzung aus ergaben sich die psychologischen Fehler, die sich im einzelnen auf allen Gebieten zeigten. Diese Fehler sind nicht bei den LA-Führern* zu suchen, sondern bei den übrigen Zweigen der Verwaltung, die ohne Kontakt zu der Bevölkerung in den meisten Fällen ohne Kenntnis der Sprache und des Landes eine Herrenschicht abgibt, der gegenüber das ukrainische Volk die Rolle eines Objektes abgeben soll. —

Urteile der Ukrainer: Wir sind keine Afrikaner, wir sind kein Kolonialvolk, die Deutschen verstehen uns nicht und suchen uns nicht zu verstehen, dies läßt sich nicht halten. —

g) Die Kirche

In der Spaltung der orthodoxen Kirche in die autokophale und die sog. slawische oder autonome Richtung kommen historische, in die Gegenwart hineinwirkende Kräfte des ukrainischen Volkes und des osteuropäischen Raumes zum Ausdruck. Ihre Kraft ist ungebrochen und der dem Ge-

* La-Führer = deutsche Landwirtschaftsführer, die als Fachleute die Leitung des Reichskommissariats berieten /ZFI

gensatz zugrunde liegende Streit um die apostolische Sukzession wird mit Leidenschaft auch vom Volk geführt. Dazu kommen national-kulturelle Gegensätze. Die slawische Kirche setzt die Traditionen der orthodoxen-russischen Staatskirche fort, die eines der stärksten Einheitsbänder der ostslawischen Völker und Vorkämpfer des großrussisch-moskauischen Staatsgedankens war. Die autokephale Kirche knüpft an die kirchlichen Traditionen des ukrainischen Volkes an und will die volle kirchliche Unabhängigkeit von Moskau. Im Streit um Gebet und Zulässigkeit der Muttersprache im Gottesdienst kommen die Gegensätze am sichtbarsten zum Ausdruck. —

Organisatorisch wirken z. Zt. in der Ukraine 1. die „Heilige ukrainische autokephale-orthodoxe Kirche" mit eigener Bischofssynode und hierarchischen Beziehungen zu der autokephalen Kirche im Gen.-Gouvernement* (Metropolit Dionysius), 2. die „Heilige autonome ukrainische-orthodoxe Kirche" mit selbständiger Bischofssynode und kirchenrechtlich grundsätzlich anerkannten, aber aus praktischer Unmöglichkeit nicht aufrecht erhaltenen hierarchischen Beziehungen zum Moskauer Patriarchen, von dem ein Teil der heute in der Ukraine tätigen Bischöfe noch 1940 die Weihe erhalten hat. Im Titel „Exarch" (Vertreter des Moskauer Patriarchen), den der Leiter der autonomen Kirchen führt, ebenso wie in der Benennung „autonom" (nicht autokephal im Verhältnis zu Moskau) kommen die verfassungsmäßigen Verschiedenheiten der beiden Kirchen deutlich zum Ausdruck. —

Angesichts der Bedeutung der kirchlichen Frage für den gesamten östlichen Raum und ihrer Tragweite für seine national-kulturelle und politische Gliederung erscheint die deutsche Verordnung über die Rechtsverhältnisse religiö-

* General-Gouvernement = das 1940 gegründete Restpolen mit der Hauptstadt Krakau /ZFI

ser Organisationen in der Ukraine unvollständig und nicht genügend. Die Wirklichkeit ist längst über die Verordnung hinausgegangen. Ukrainische Kreise beider Richtungen fürchten, daß die Verordnung von Voraussetzungen ausgeht, die dem ukrainischen Volke fremd sind und zu einer ununterbrochenen Kette von Mißverständnissen und Reibungen mit der in diesem Punkte sehr empfindlichen Bevölkerung führen kann. Denn ganz anders als im Westen sind im Osten die Kirchen auf das engste mit dem Volk lebendig verbunden. Ihre Geschichte innerhalb der Sowjetunion ist der jüngste Beweis dafür. —

In der Kirchenpolitik geht die deutsche Verwaltung gegenüber der orthodoxen Kirche zufolge Mitteilungen deutscher Persönlichkeiten vom Grundsatz des gegenseitigen Ausspielens beider Richtungen aus. Dieses Ausspielen wird daher, um nur den Fall der Zuweisung der kirchlichen Gebäude und des Metropolitanpalastes in Kiew zu nennen, nach Ansicht der Ukrainer ganz mechanisch gehandhabt, wobei Zufälligkeiten und persönliche gute Beziehungen oft eine besondere Rolle spielen. Im Ergebnis sind beide Richtungen unbefriedigt und stellen sich mit Vorsicht der deutschen Verwaltung gegenüber ein, deren Entscheidungen in Kirchensachen, wie sie sagen, meist von kurzer Dauer und unberechenbar sind. Es läßt sich nicht vermeiden, daß auch dadurch das Vertrauen in die deutsche Herrschaft erschüttert wird. Auf Grund der bisherigen Erfahrungen schließen die Ukrainer auf eine Unterstützung der slawischen Kirche durch die Zivilverwaltung und folgern daraus eine allgemeine ukrainer-unfreundliche Ausrichtung der deutschen Politik. —

In weit stärkerem Maße als die mit der orthodoxen Kirche zusammenhängenden Fragen — wobei hier die Stellungnahme der orthodoxen Balkankirchen und der Patriarchen von Konstantinopel und Moskau schwer ins Gewicht fallen wird — greifen die römisch-katholischen Missions-

und Unionspläne in das Gebiet unübersichtlicher internationaler Beziehungen hinein. Derzeit beschränkt sich die römische Kurie nach zuverlässigen Mitteilungen auf die Entsendung von Beobachtern nach den wichtigsten Zentren der Ukraine, nachdem die Mission des Metropoliten Scheptyzki gescheitert ist.

h) National-kulturelle Belange

Schwer lastet auf dem Lande die ungeklärte deutsche Einstellung zu den kulturellen und nationalen Belangen des ukrainischen Volkes. Die Ukrainer wissen, „Daß die Deutschen die Gräber ihrer Soldaten in der Ukraine niemanden schenken werden", können es aber nicht begreifen, warum sie nicht an dem Kampf gegen den Bolschewismus aktiv beteiligt werden und warum sie nicht mitverantwortlich an der Gestaltung des eigenen Schicksals arbeiten sollen. Voller Sorge sehen sie in die Zukunft und glauben annehmen zu müssen, „daß die Deutschen mit dem Lande nichts Gutes vorhaben". Einzelne Aktionen des SD* gegen bekanntere ukrainische Persönlichkeiten haben im Verein mit den von ihnen genau verfolgten allgemeinen Tendenzen der deutschen Verwaltung innerhalb der im Lande in überraschend hohem Maße erhalten gebliebenen Intelligenz die Befürchtung ausgelöst, daß eine ukrainische Intelligenz den Deutschen grundsätzlich unerwünscht sei und daß sie ausgeschaltet werden soll. Einzelne ihnen bekannt gewordenen Äußerungen im Lande einflußreicher deutscher Persönlichkeiten, wie den „Ukrainern muß der Sack abgeschnitten werden", werden in diesem Sinne kommentiert. Sie beginnt sich nach eigenem Eingeständnis wieder wie in der Bolschewistenzeit zu tarnen und eine Maske zu tragen. —

---

* SD = Sicherheitsdienst der SS /ZFI

Im Vordergrund der Diskussion steht die innerliche Überwindung des Bolschewismus, vor allem innerhalb der halb erwachsenen Jugend. Man ist sich klar darüber, daß ein entsprechendes Gegengewicht gegen die mancherlei Überlagerungen des russischen Lebens durch russische Sprache, Kultur und bolschewistische Überbleibsel nur in der Pflege und im Ausbau volksnaher Werte und Ideen gesucht werden kann, daß nur der nach Deutschland hin ausgerichtete nationale ukrainische Gedanke ein Bollwerk gegen die Gefahren des russischen oder bolschewistischen Imperialismus sein kann, die selbst nach der militärischen Niederlage der Sowjets eine akute Gefahr darstellen werden. Die Haltung oder Unterbindung der Entwicklung der nationalen Kultur (Einschränkung der Schulbildung, Unterbindung eines ukrainischen Vereinswesens usw.) wird besonders schmerzlich empfunden und man glaubt befürchten zu müssen, daß Deutschland das geistige Niveau des ukrainischen Volkes bewußt herabsetzen will, um das Volk besser beherrschen zu können. Leidenschaftlich lehnt sich der nationale Widerstandswille des Ukrainertums gegen solche Gedanken auf. —

Die breite Masse der ukrainischen Intelligenz und des Volkes nimmt z. Zt. eine bewußte zurückhaltende Einstellung zu den Fragen der nationalen Zukunft ein. Die ungeduldigen, mitunter fähigsten Ukrainer flüchten sich in die Illegalität oder schließen sich den Partisanen an, weil sie für ihre Person den Glauben an Deutschland verloren haben. Ihre Zahl scheint im Ansteigen begriffen zu sein. —

i) Partisanen

Im Vergleich zu den Abschnitten Nord und Mitte kennt die Ukraine wegen der antibolschewistischen Haltung der Bevölkerung nur ein unwesentliches Partisanentum. —

Fast ausnahmslos handelt es sich um abgesetzte Fallschirmtruppen. Ebenso zweifellos ist aber, daß sich — gezwungen oder freiwillig — einzelne Personen oder Gruppen den Partisanenbanden anschließen, die oft eine nicht unerhebliche Kampfstärke aufweisen. Partisanen sind im ganzen Gebiet der Ukraine tätig, treten bisher jedoch nur in den Waldgebieten und in der Front näher gelegenen Gegenden in stärkeren Gruppen auf. Aus diesen Gebieten melden IA-Führer, daß die Besetzung einzelner Orte ohne militärischen Schutz nicht möglich ist und daß die Sicherung der Ernte mit der Miliz allein nicht möglich erscheint. Militärischer Schutz wird erbeten, der in den meisten Fällen nicht gegeben werden kann. Ein Beispiel dafür, welche Gefahr da heraufziehen könnte, wenn sich die Entwicklung weiter verschlimmert. Eine Verantwortung für die Einbringung der Ernte wird abgelehnt. Eine aktive oder auch nur passive Unterstützung des Partisanentums durch größere Teile der ukrainischen Bevölkerung würde der deutschen Herrschaft in der Ukraine den Boden entziehen und eine Fortführung der Operationen im Osten unmöglich machen. Ohne eine wohlwollende Haltung der Bevölkerung und ihre aktive Unterstützung ist eine Sicherung des Raumes nicht möglich. Diese ist nur durch die Berücksichtigung der primitivsten wirtschaftlichen und national-kulturellen Lebensinteressen des ukrainischen Volkes und eine gerechte Behandlung der Bevölkerung möglich. Ohne eine wesentliche Änderung der bisherigen deutschen Politik in der Ukraine wird dieses Ziel nicht zu erreichen sein. Der Ausgang des Feldzuges im Osten und seine deutschen Opfer sind in entscheidendem Maße davon abhängig. —

VIERTE DENKSCHRIFT

9. November 1942

Die besetzten Gebiete Osteuropas und der weitere Verlauf des Krieges

I. Allgemeine Überlegungen

II. Grundfragen der besetzten Ostgebiete

III. Folgerungen für den Kaukasus

I.
Allgemeine Überlegungen

Der Führer hat in der Rede zur Eröffnung des Winterhilfswerkes 1942 den entscheidenden Wert der bisher eroberten Gebiete der Sowjet-Union für den weiteren Kriegsverlauf ganz besonders betont. Er hat ihre überragende Bedeutung auf den Gebieten der Ernährung, der allgemeinen Wirtschaft, des Bergbaus usw. hervorgehoben. Der Führer hat allerdings keinen Zweifel darüber gelassen, daß zur vollen Nutzbarmachung Zeit und vorbereitende Arbeit nötig sei. Der Führer hat so dann wörtlich „die Organisation dieses gigantischen Riesenraumes als weitere Aufgabe bezeichnet". In ergänzenden Reden des Reichsmarschalls* und des Reichsaußenministers** sind die politischen Folgen dieser Tatsachen weiter konkretisiert worden. Man ist sich darüber im klaren, daß der Besitz dieser Gebiete uns **potentiell** der angelsächsischen Nahrungs- und Rohstoffblockade entrückt, der Möglichkeit nach blockadefest macht, d. h. Deutschland und Europa im Rohstoff- und Ernährungssektor zukünftig auf eigene Beine stellt.

Raum und Rohstoffe werden aber erst durch menschliche Hand fruchtbar und nutzbar. Die Zahl der hierfür einsetzbaren Deutschen wird klarerweise äußerst gering sein. Arbeitsmäßig sind wir vielmehr hierfür fast ausschließlich auf Menschen fremden Volkstums angewiesen. Es erhebt sich die Frage nach der Bedeutung der inneren Einstellung, des tatsächlichen Arbeitswillens dieser Menschen gegenüber den neuen, ihnen von deutscher Seite zugewiesenen Aufgaben. Zu ihrer Beantwortung kommt uns eine Erfahrung auf ähnlichem Gebiet zu Hilfe. Aus den Erfahrungen des Klassenkampfes

---

* Göring

** v. Ribbentrop

des 19. Jahrhunderts hat sich heute eines als unbestrittene Wahrheit durchgesetzt: Umfang und Güte der Leistung des Arbeiters, als Ergebnis seines Arbeitswillens, sind durch die ihm eingeräumte Stellung im Werk wie im Volksganzen entscheidend bedingt. Nicht das materielle Entgelt ist in erster Linie entscheidend, sondern die soziale Einstufung des Arbeiters, das Wissen, daß seine Arbeit etwas bedeutet und er darum geachtet wird. Dieser Tatbestand gilt auch für die Frage nach der Bedeutung der inneren Einstellung der Ostvölker als künftige Arbeitsvölker für deutsche und europäische Bedürfnisse. Ihre Mobilisierung wie gerade die notwendige gesteigerte Arbeitsleistung dieser Völker für ein ihnen zunächst fremdes Ziel kann daher ebenfalls nur vom Psychologischen her bewirkt werden. Gerade als Nationalsozialist, der sich die richtige Einsicht in die Psyche des Arbeiters erworben hat, darf man daher nicht, wie leider nur zu häufig, die grundlegende parallele Bedeutung des psychologischen Faktors bei den Ostvölkern für das Gelingen unserer Pläne plötzlich leugnen oder als sentimentales Gerede bezeichnen. Im Gegenteil. Gerade weil diese Aufbauarbeit von ihnen inmitten eines Krieges geleistet werden muß, erlangt dieser Faktor ein um so größeres Gewicht. Erinnern wir uns doch nur, welchen Wert wir selbst der veränderten Einstellung unseres Volkes zum Krieg beimessen, wenn wir betonen, daß wir nicht mehr das Volk von 1918 sind und daher nicht mehr zu schlagen seien.

Es ist zudem eines zu bedenken. Wenn der Gegner durch unsere Raumausweitung seine Blockadehoffnung zerstört sieht, wird er selbstverständlich nach Mitteln suchen, die unsere Berechnungen auf andere Weise durchkreuzen sollen. Wenn er daher den Besitz dieser Gebiete nicht rückgängig machen kann, so wird er doch ihre Nutzbarmachung auf das Äußerste einzuschränken versuchen. Da er an Raum und Rohstoffe nicht heran kann, wird zwangsläufig sein Ansatzpunkt die Beeinflussung der Bevölkerung der besetzten Gebiete sein. Auf sie wird er die ganze Kraft seiner Propaganda lenken, mit dem Ziel, sie der deutschen Sache möglichst abspenstig zu machen, Arbeitsunwilligkeit zu erzeugen und, wenn möglich, sie bis zur Sabotage zu steigern. Daraus ergibt sich die ungeheure Bedeutung der psychologischen Seite in der Frage der Behandlung der Völker der besetzten Ostgebiete und die unabweisliche Forderung, daß wir gegenüber der propagandistischen Aktivität der Gegner nicht passiv bleiben dürfen, sondern unsererseits eine aktive psychologische Politik treiben müssen. Die geschichtlichen und soziologischen Verhältnisse der Völker dieses Gebietes machen sie zudem an und für sich für eine solche psychologisch-propagandistische Einwirkung empfänglich. Die Bevölkerung dieser Gebiete ist in nationaler und sozialer Hinsicht noch ohne entschiedenen Willen. Um sie können und werden daher mehrere Mächte werben, und es steht in ihrem freien Willen, wofür sie sich entscheiden. Um die Seele der Bevölkerung werden zwangsläufig in immer stärkerem Maße Groß-Deutschland — Europa seinerseits, der Bolschewismus andererseits ringen müssen. Der Ausgang dieses Kampfes und die seelische Zuwendung dieser Bevölkerung ist entscheidend für die Sicherung der Kriegsführung und den Umfang des künftigen Europas. Wir hatten und haben es heute noch in der Hand, ob die Völker der Sowjet-Union aktiv für oder schließlich aktiv gegen uns arbeiten und kämpfen wollen. Ein langer Krieg ist nie nur militärisch zu gewinnen. Je länger er dauert, um so wichtiger ist es, daß wir die Bevölkerung dieser Gebiete endgültig auf unsere Seite ziehen und gegen jede Einwirkungsversuche seitens der Sowjets bzw. bei ihrer zunehmenden Schwäche an ihre Stelle tretenden Amerikaner immun machen.

Die Geschichte lehrt, daß Fehleinschätzungen der inneren Einstellung von Völkern in Umbruchszeiten nicht selten sind und immer zu katastrophalen Folgen geführt haben. Aus der Verkennung der Verwurzelung etwa der republikanischen Gesinnung der Franzosen von 1792 entstand die Niederlage der monarchischen Koalition bei Valmy, von da an hatten die Gedanken der französischen Revolution freie Bahn in Europa. Die verfehlte Einschätzung der polnischen Einstellung hat im Weltkrieg zur unseligen Ausrufung des polnischen Königreichs geführt. Die Gefahr, daß völker-psychologische Kurzsichtigkeit sich über Lebensnotwendigkeiten der Ostvölker hinwegsetzt, die wir unserer dauernden Führung unterstellen wollen, muß unbedingt vermieden werden. Geschieht das nicht, so würde nicht nur die benötigte Arbeits- und Ertragssteigerung auf dem Lebensmittel- und Rohstoffsektor ausbleiben, es würde über den Zwischenzustand des Partisanentums ein schwelender Widerstandsgeist erzeugt werden, der früher oder später zu politisch-militärischen Empörungen und Sabotageaktionen größeren Ausmaßes führen kann. Vergessen wir niemals, daß alle Bemühungen der Sowjets wie der bereits in unmittelbarer Nähe im Süden sich ausbreitenden Amerikaner in dieser Richtung laufen.

II.

Grundfragen der besetzten Ostgebiete

Gehen wir von diesen Überlegungen aus, so gewinnt der Stand der politisch-psychologischen Entwicklung in den von uns schon länger besetzten ehemaligen russischen Gebieten, vor allem der Ukraine in zweifacher Richtung an Bedeutung.

1. Einmal die Haltung der betreffenden Bevölkerung selbst und hier wiederum

a) die Auswirkung auf den Arbeitsfaktoren und

b) Auswirkung auf evtl. militärisch-partisanenmäßigem Gebiet.

2. Die faktische für oder gegen uns arbeitende propagandistische Wirkung, die aus dem Bekanntwerden dieser Verhältnisse in den weiteren russischen Gebieten, insbesondere im kaukasischen Raum und in den angrenzenden Turk-Gebieten, Nutzen zieht.

Wir hatten bei der Besetzung der Ukraine leichte und sofortige Möglichkeit, dieses Volk für uns zu gewinnen. Es hätte für den weiteren Verlauf des Krieges nur noch mehr für den künftigen Frieden einen entscheidenden Erfolg bedeutet, wenn es gelungen wäre, das ukrainische Volk sofort und demonstrativ für Deutschland und Europa zu gewinnen. **Das ist nicht geschehen.** Im Augenblick, wo wir vor dem Kaukasus stehen und weiter nach Süden vordringen wollen, ist diese Tatsache in doppelter Hinsicht bedeutungsvoll.

1. Gefährdet sich bei der Länge der Nachschubwege die Versorgung der Armee und mindert bei den nun notwendigen Polizeimethoden die wirtschaftlich so wichtige Leistungsfähigkeit der Ukraine.

2. Wirft sie ihre Schatten voraus in die neu zu erobernden Gebiete, die ihre jetzige Lage mit der einer künftigen unter deutscher Besatzung vergleichen.

Die ukrainische Frage kann man insofern eine Schlüsselfrage Europas nennen.

Die Bolschewisten hatten gewaltige Vorarbeit für uns geleistet. Sie galten im eigenen Land als Unterdrücker, waren in breiten Volksschichten verhaßt. Wir wurden selbst in nächster Nähe der feindlichen Front, wo mit Rückkehr der Sowjets gerechnet werden mußte, offen als Befreier begrüßt. Selten hat ein Volk bei der Größe seiner geschichtlichen Aufgabe so günstige psychologische Möglichkeiten für deren Erfüllung gehabt, wie wir in der Sowjet-Union. Da die Fortsetzung des Krieges nach wie vor trotz gemachter Fehler speziell im Kaukasus von entsprechender Behandlung dieser Frage abhängt, wird versucht, die augenblickliche Lage mit den daraus folgenden Aufgaben offen klar zu legen.

1. Der Kommunismus hat mit ungeheurem Druck das Letzte aus dem Land zu Gunsten der Industrialisierung und damit der Fundierung seiner Machtpolitik herausgepreßt. Die Menschen sehnten sich daher nach einer gewissen persönlichen Freiheit, einer gewissen Achtung der Person und einer gewissen Entfaltungsmöglichkeit. Wir haben diesen psychologischen Bedürfnissen nicht Rechnung getragen. Ja, man muß sagen, daß wir uns praktisch sogar die marxistisch-bolschewistische Auffassung vom Menschen dieses Landes bei unserer Beurteilung und Behandlung der Bevölkerung zu eigen gemacht haben. Wir sahen im Sowjet-Bürger grundsätzlich weiter den Bolschewiken, und wandten „koloniale Methoden" an, die mit wirklicher Kolonisation nichts zu tun haben, vielleicht in Afrika am Platze sind, nicht aber unter einer Bevölkerung, die wir auffordern das Schicksal unseres eigenen Erdteils in gemeinsamen Kampf und Sieg zu gestalten. Die Hemmungsfaktoren für großräumigen Zusammenschluß Europas sind hier an und für sich bedeutend größer als in Amerika oder Groß-Ost-Asien. Von der Schnelligkeit des Zusammenwachsens aber hängt für die Zukunft unseres Erdteils alles ab, weil bei der künftigen Konkurrenz der Groß-Räume ihre Geschlossenheit einen entscheidenden Faktor darstellt.

Um so wichtiger war ein schneller Aufbau der besetzten Ostgebiete und eine psychologisch richtige Behandlung ihrer Bevölkerung. Sie war und ist zur Errettung vor asiatischen Methoden zu jeder Mitarbeit an Europa bereit.

Mangel an Lebensmitteln und Konsumgütern hätten auf die negative Stimmung der Bevölkerung weniger eingewirkt, wenn alle übrigen Grundsätze der Verwaltung auf die psychologische Gewinnung dieser Bevölkerung eingestellt gewesen wären. **„Führen, nicht herrschen", hätte der Grundsatz sein müssen;** Vertrauen ist die Grundlage des Gehorsams und dieses Vertrauen mußte auf unbedingter Gerechtigkeit beruhen. Es ist hier nicht der Platz, auf gemachte Fehler im einzelnen einzugehen. Sie sind in verschiedenen Denkschriften offen dargelegt worden. Entscheidend ist die Wirkung. Es kann festgestellt werden, daß die Einstellung des ukrainischen Volkes zum deutschen Volke nach 5/4 Jahren in seinen besten Vertretern genau so wie in seinen breiten Volksschichten absolut negativ ist und die ukrainische Widerstandsbewegung in immer breiteren Kreisen auf Verständnis stößt.

2. Wenn wir augenblicklich kriegsbedingt „mehr herrschen als führen", müßten wir klar darüber sein, daß **eine Mitarbeit aktiver Kräfte an der Selbstverwaltung dieser Gebiete eine Notwendigkeit war.** Der aufflammende Widerstand ist zum großen Teil darauf zurückzuführen, daß solche Kräfte nicht eingebaut wurden. Die Auffassung, daß das Partisanentum im Rücken der Truppe allein durch Sicherstellung des materiellen Existenzminimums bekämpft werden könnte, ist falsch. Die Bevölkerung der besetzten Gebiete benötigt zum Leben bei aller vorhandener Primitivität nicht nur 400 g Brot am Tage. Sie hat auch kulturelle Bedürfnisse, wie Ausübung der Religion, Presse, Funk, Schulwesen usw. usw. Auch auf sozialem und sanitärem Gebiet haben sich aktive Kräfte nicht genügend entfalten können.

3. Schließlich haben die vermeintlichen Unklarheiten der deutschen Ziele stark dazu beigetragen, daß wir im Osten heute so wenig Vertrauen besitzen. Das gilt vor allem auf dem Gebiet der Agrar-Politik. Wenn Landwirtschaftsführer behaupten, daß künftig jeder von ihnen 3000 Morgen ukrainischen Bodens erhielte, wirkt das genau so verheerend, wie wenn Deutschland „Vorzüge des Kolchos-Systems" besonders hervorhebt und über eine „Anwendbarkeit in Deutsch-

land" diskutiert. Die Bevölkerung der besetzten Ostgebiete glaubte an die Kraft der deutschen Organisation und die Unantastbarkeit des deutschen Rechts. Unsere organisatorischen Leistungen in Osteuropa sind einzigartig und jeder Deutsche in diesen Gebieten gibt dafür sein Bestes her. Es fehlt aber den Maßnahmen die psychologische Abstimmung auf die Bevölkerung, die auf die Dauer die Wirksamkeit dieser Maßnahmen verbürgt. Monatelang haben wir nach der Besetzung mit der Verlautbarung unserer Ziele gewartet und damit großen Einfluß verloren.

a) Wir benötigen ferner eine Propaganda, die die Aufgabe dieser Gebiete beim Aufbau Europas herausstellt, ihre Trennung von der Sowjet-Union betont und der Bevölkerung für die Nachkriegszeit Rechte zusichert, die unter allen Umständen gewährt werden müssen. Die beste Propaganda ist freilich die Tat.

Sofortige Durchführung geleisteter Versprechungen mit einer entsprechenden Behandlung der Bevölkerung wird schneller durch die feindlichen Linien auf die Bevölkerung der Feindgebiete und damit auch auf die kämpfende Truppe wirken, als alle Flugblattpropaganda, die sich an den Soldaten direkt wendet.

Dasselbe gilt für die Kriegsgefangenen-Behandlung. Mit uns kämpfende georgische Kameraden haben ausgesprochen, daß Deutschland heute im Osten keinen Krieg zu führen brauchte, wenn es von Anfang an die russischen Kriegsgefangenen richtig behandelt hätte. Es sei das Zutreffen dieser Behauptung im vollen Umfange dahingestellt. Sie zeigt indes, ein wie hoher Wert der Propaganda der Tat in einem Krieg, der ja eigentlich ein russischer Bürgerkrieg hätte werden können und sollen, beigemessen wird. Belehrungen einerseits und radikalste Bestrafung aller, das deutsche Ansehen schädigenden Dinge andererseits sind unverzüglich anzuwendende Mittel. Propaganda, die mit den Tatsachen nicht übereinstimmt, ist wertlos und schädlich.

b) Soll künftige kommunistische Wirkung in diesen Gebieten ausgeschaltet werden, so ist die Begründung von Privateigentum erste Voraussetzung. Die Übernahme des durch den Bolschewismus im großen geschaffenen Staatseigentums und seine Anerkennung durch uns bilden eine große Gefahr. Die Einsetzung des Treuhändertums hat dem deutschen Ansehen wenig genützt, oft sogar schwer geschadet.

Die Anerkennung des in der Gemeinschaft gebundenen Eigentums ist eine unserer stärksten Waffen gegen den Kommunismus. Sie muß angesichts der Kriegsdauer bald erfolgen, weil sie die Menschen dazu bringt, unter keinen Umständen mehr mit dem Kommunismus zu paktieren. Von einer Schicht zufriedener Bauern und zufriedener Handwerker an den Grenzen Osteuropas hat Deutschland den sichersten Schutz gegen das Eindringen bolschewistischer Ideen, nachdem das Judentum in diesen Gebieten ausgeschaltet ist*.

Gewiß war das Kollektiv-System ein Mittel bequemer Steuereintreibung und hat in Kriegszeiten große Vorzüge. Auf lange Sicht leistet aber den höchsten Produktionsertrag doch der freiwillig arbeitende Bauer, verglichen mit dem Maschinensklaven.

c) Die soziale Differenzierung der Einwohner der besetzten Gebiete liegt absolut im deutschen Interesse. Eine proletarisierte Masse ohne Mittel- und Oberschicht, unter fremder Herrschaft ist immer für den Kommunismus anfällig. Es

---

* Absichtliche Anpassung an den NS-Jargon aus Gründen, die in der „*Einführung in die dritte und vierte Denkschrift*" angeführt werden. — Tatsächlich hat Oberländer mehrfach Juden dadurch gerettet, daß er sie in seinen Sonderverband „*Bergmann*" aufnahm. /ZFI

muß gelingen, nationale Kräfte unter deutscher Führung für den europäischen Gedanken zu sammeln. Dann ist soziale Differenzierung keine ernste Gefahr für Deutschland bei seiner notwendigen Herrschaft in Europa. Vernichtung der Oberschicht, vor allem auch der Mittelschicht und Förderung der geistigen Zurückgebliebenheit hat zwar England in seinen Kolonien angewandt. Das sind aber keine Führungsmethoden des deutschen Volkes in Europa.

Dagegen hat der Bolschewismus sofort die soziale Differenzierung radikal bekämpft, erst die Oberschicht, dann die Mittelschicht vernichtet. Eine neu entstandene „Oberschicht" gab es nur in uneigentlichem Sinne. Tausende ihrer Angehörigen konnten auf einen Wink eines hohen Würdenträgers des bolschewistischen Apparates materiell und physisch vernichtet werden. Es gab somit bei den Sowjets keine echte soziale Differenzierung, sondern nur eine Differenzierung der Gehaltsstufe. Der Bolschewismus ist der typische Ausdruck des Fehlens aller Bindungen, die wir mit dem Begriff Volk ausdrücken.

Der Nationalsozialismus bejaht die Bindungen an das Volk, an Boden, an Familie, an Gott als Grundsätze, die auch für die übrigen europäischen Völker gelten müssen*. Insofern müssen sie auch in den besetzten Gebieten Osteuropas sich tatsächlich die Anerkennung verschaffen.

Wir haben somit ein Interesse am Aufbau eines Schulwesens, Vertiefung religiöser Bindungen, überhaupt aller Bindungen in echtem Sinne, gegenüber den zersetzenden Thesen des Bolschewismus. Das bedeutet auch die Anerkennung der Völker als Eigenpersönlichkeiten und die Zuweisung einer zur Pflege ihrer geistigen Eigenart notwendigen

---

* Absichtliche Wiedergabe von NS-Parolen, die Hitler 1933/37 — z. B. im August 1933 vor den Leitern des VDA (Verein für das Deutschtum im Ausland), zu denen Oberländer gehörte — überzeugend als seine wahre Einstellung zu verkünden pflegte. /ZFI

Selbstverwaltung. Werden diese Dinge im Sinne eines von uns geführten Europas gelenkt, so sind sie keinerlei Gefahr für unsere Herrschaft.

Die machtpolitischen Notwendigkeiten der Einigung, Festigung und Verteidigung müssen in Einklang gebracht werden mit den nationalen und kulturellen Erfordernissen der einzelnen Völker innerhalb des europäischen Großraumes. Werden diese Erfordernisse der Völker der besetzten Ostgebiete negiert, so bereiten wir die Grundlage für Partisanentum, Aufstand, neuerliche bolschewistische Zersetzung und gefährden den Waffenerfolg. Da jedes Abweichen von unserer Linie eine Gefährdung Europas bedeutet, gibt es genug Mittel zur schärfsten Ahndung jedes dagegen gerichteten Verstoßes. Die soziale Differenzierung muß vor allen Dingen die Eigeninitiative in diesen Völkern so stark pflegen, auf materiellem und geistigem Gebiet, daß jeder jüdisch-bolschewistische* Kollektivismus künftig ausgeschlossen ist.

d) Ein Teil dieser Völker lebt in der vom Kommunismus stets genährten Sorge, daß sie völlig von uns vernichtet würden. Der deutsche Lebensraum hat eine gewaltige Ausdehnung erfahren. Der deutsche Siedlungsraum erkauft diese Ausdehnung mit dem Einsickern von Millionen fremder Arbeitskräfte. Versuchen wir in diesem Krieg gleichzeitig mit der Ausdehnung des Lebensraumes eine übermäßige Ausdehnung des Siedlungsraumes, der den Siedlungswillen und die Siedlungsfähigkeit unseres Volkes übersteigt und dem durch die deutschen Blutverluste Grenzen gesetzt sind, so gefährden wir von einer anderen Seite den Erfolg der Waffen. Denn die übermäßige Ausdehnung des Siedlungsraumes muß bei den davon betroffenen Völkern stärkste Widerstände hervorrufen. Eine der Volkskraft Rechnung tragende weise Beschränkung in Planung und

---

* absichtliche Anpassung an den NS-Jargon (vgl. Anm. S. 53) /ZFI

Propaganda ist im Hinblick auf das in Europa und gerade im Osten zu gewinnende und zu vertiefende Vertrauen unbedingt notwendig.

III.
Folgerungen für den Kaukasus

Wenn es nicht gelungen ist, den Bolschewismus durch einen Bürgerkrieg in Rußland zu vernichten, so ist es immerhin gelungen, trotz schlechter Behandlung in den Gefangenen-Lagern, so viele frühere Sowjet-Bürger in die deutsche Armee einzureihen, daß ungefähr 1/5 der deutschen Armee im Osten nicht deutschen Volkstums sind. Das gilt nicht nur für Trosse und Wehrmachtsgefolge, sondern z. T. auch für aktive Soldaten. Esten, Letten, Tataren, Kaukasus- und Turk-Völker kämpfen heute Schulter an Schulter mit deutschen Soldaten. Die Aufstellung z. B. von 60 sog. Turk-Btl. (60.000 Mann) ist trotz großer Fehler bei der Auswahl und mangelnder weltanschaulicher Schulung eine militärische Maßnahme, die ohne eine entsprechende psychologische Politik nicht gedacht werden kann.

Blut sparen ist heute einer der obersten Grundsätze für die Erhaltung deutscher Volkskraft zur Erfüllung der vor uns liegenden Aufgaben.

Es ist erwiesen, daß diese Einheiten bei guter Behandlung durch die deutschen Vorgesetzten und entsprechender weltanschaulicher Schulung sich sehr gut schlagen und eine wichtige Hilfe für die deutsche Armee werden können. Es ist auch möglich, ihre Zahl noch weitgehend zu erhöhen. Der Erfolg ihres Einsatzes hängt fast ausschließlich von der psychologisch richtigen Behandlung ab. Auch hier gilt „führen und nicht herrschen". Diese Mitarbeit der zu befreienden Völker des Kaukasus beruht aber darauf, daß diese Völker festes Vertrauen zu Deutschland haben, wirklich befreit zu werden. Alle Angehörigen der Völker, die im grauen Rock mit uns kämpfen, glauben fest daran, daß wir das ihnen gegebene Versprechen:

Auflösung der Kolchose, religiöse und kulturelle
Freiheit, eine weitgehende Selbstverwaltung usw.

unter allen Umständen einhalten.

Man muß sich einmal klar machen, was es bedeutet, wenn wir dieses Versprechen nicht einhalten würden. Nehmen wir an, von den Völkern des Kaukasus sind 800 Tausend in die Sowjet-Armee eingezogen worden. Von diesen 800 Tausend dürfte bei dem starken Einsatz der kaukasischen Divisionen 1/4, also 200 Tausend, gefallen oder verwundet sein. 300 Tausend werden auch heute noch in der Sowjet-Armee gegen uns kämpfen. Der Rest von 300 Tausend ist freiwillig oder unfreiwillig in deutsche Hände gefallen. Von diesen 300 Tausend hat der größte Teil eine Reihe von Lagern passiert, in der er in keiner Weise in einer dem deutschen Ansehen förderlichen Art behandelt und verpflegt wurde. Bei der besonderen Empfindlichkeit des Kaukasiers wird er eine solche Behandlung nicht vergessen, zumal sie für ihn eine bittere Enttäuschung bedeutete, denn in vielen Fällen kam der Kaukasier als Überläufer in der Hoffnung auf gemeinsamen Kampf und auf gute Behandlung und Verpflegung. Von diesen 300 Tausend Kaukasiern dürfte ca. 1/10 heute als deutsche Soldaten in die deutsche Armee eingereiht sein, von diesen wieder 1/10 aktiv kämpfend. Abgesehen davon, daß die Zuverlässigkeit dieser Truppe lediglich von der Einhaltung der Versprechungen abhängt, ist die Zufriedenheit dieser Truppe auch später für den Wiederaufbau des Kaukasus entscheidend, *da bei Rückkehr aus den deutschen Lagern mit einer starken Zunahme der Deutschfeindlichkeit und daraus auch des Partisanentums gerechnet werden muß.*

Die Einhaltung der Versprechungen gegenüber den Kaukasiern ist also nicht nur ein Gebiet der militärischen Notwendigkeit, sondern auch der politischen Klugheit.

Wir haben bisher nur einen Teil kaukasischen Volksbodens besetzt. In diesem aber haben wir unsere Versprechungen, da über grundsätzliche Fragen keine volle Klarheit bestand, nur zögernd durchgeführt und damit ein wichtiges Propagandamittel auf den Südkaukasus und das weitere Vorderasien aus der Hand gegeben. Die darauf resultierende Unklarheit besteht auch heute noch und erschwert jeden weiteren Kampf im Kaukasus.

Viel schlimmer aber wirkt sich die sowjetische Propaganda auf die Ukraine aus. Immer wieder kommen Kaukasier mit der Frage, ob es wahr sei, daß die Oberschicht in der Ukraine vernichtet werden sollte, daß Deutschland nichts tue, um Seuchen in der Ukraine zu verhindern u. a. m.

Es muß die Frage aufgeworfen werden, ob die Verwaltung durch positive Leistung alles getan hat, um durch Propaganda auf die Bevölkerung des Süd-Kaukasus zu wirken und so die schwere Aufgabe der Front zu erleichtern.

Zur Zeit ist es so, daß die gegnerische Propaganda durchaus erfolgreich arbeitet und dabei Material in den Händen hat, das nicht gleich zu widerlegen ist.

Georgische Kameraden wiesen daraufhin, daß ihnen unsere Maßnahmen in der Ukraine nur dadurch verständlich werden könnten, daß sie annähmen, daß diese „Maßnahmen durch feindliche Kräfte im eigenen deutschen Lager, vor allen Dingen von englischer Seite, provoziert werden".

Die Stimmung in der Ukraine und im Nordkaukasus ist für die weitere Kriegsführung entscheidend. Die mit uns kämpfenden kaukasischen Kameraden können Propagandisten für uns sein, obwohl nur ein kleiner Teil von ihnen Deutschland gesehen hat, wenn der deutsche Ausbilder und Offizier in vorbildlicher Weise seine Pflicht erfüllt.

Aber das hilft nur dann, wenn ihm dabei von politischer Seite in jeder Weise geholfen wird, daß das deutsche Wort, das den Kaukasiern bei der Vereidigung gegeben wurde, voll gehalten wird.

Der deutsche Offizier ist hierbei Vertreter des deutschen Volkes schlechthin. Sein Wort ist das Wort des Führers. Es ist unmöglich, daß ein deutscher Offizier das gegebene Wort nicht hält.

Der tapfere und erfolgreiche Einsatz kauk. Kameraden beruht auf dem unbedingten Vertrauen zu seinen Vorgesetzten. Mit diesem Vertrauen allein kann später der Kaukasus aufgebaut werden. Wird dieses Vertrauen enttäuscht, so ist auch mit der geschicktesten Gewaltherrschaft der Kaukasus nicht an Europa zu binden. Wir sind dann selbst schuld, wenn wir den Aufstand hier gegen uns entfesseln.

Noch ist es möglich, Blut sparend mit Hilfe fremder Kraft Völker und Gebiete zu gewinnen, die für die Lebensfähigkeit Europas unbedingt erforderlich sind. Aber es muß dic politische Notwendigkeit in diesem Punkte den militärischen Notwendigkeiten angepaßt werden.

Die Möglichkeiten unseres Vorgehens können hier nur angedeutet werden. Im Grundsätzlichen: einheitliche Durchführung unserer Maßnahmen und Planung auf weite Sicht. Berücksichtigung der völkischen Reaktion auf alle wichtigen Maßnahmen. Im Einzelnen: schnelle Klärung der Agrar-Struktur, Klärung des Verhältnisses der Kaukasier zum örtlichen Russentum (um letztere nicht in die Hände des Partisanentums zu treiben), Sonderlagen für kaukasische Gefangene mit eigener Hilfspolizei, Erklärung für aktive Unterstützung des Islam (propagandistische Wirkung auf Vorder-Asien im Verfolg der Berliner Erklärungen des Groß-Mufti. Erklärung über die Gleichstellung des Armeniertums mit den anderen Kaukasus-Völkern (um der gegnerischen Propaganda den Wind aus den Segeln zu nehmen usw.).

Gewinnen wir die besetzten Gebiete innerlich, so gewinnen wir sie für Europa und niemand kann sie uns mehr streitig machen. Ohne die fremdvölkische Arbeitskraft Osteuropas kann Europa nicht aufgebaut werden.

Verlieren wir die besetzten Ostgebiete, so werden Bolschewismus oder Panslawismus oder beide zusammen unsere gefährlichsten Gegner sein.

In diesem Kriege, in dem die Psychologie eine größere Rolle spielt als in den anderen Kriegen vorher, muß der deutsche Soldat, wie der deutsche Verwaltungsbeamte alles tun, um den psychologischen Erfordernissen gerecht zu werden und für die Gewinnung des Krieges wie des Friedens, der nur im Kriege gewonnen werden kann, das äußerste leisten.

Der Sieg der Front hängt ab vom psychologischen Sieg der Etappe.

Wie lange der Krieg auch dauern mag, wir sind nicht zu schlagen, wenn sich diese Erkenntnis durchsetzt.

Einführung in die fünfte und sechste Denkschrift

Unter dem Eindruck der am 30. Januar 43 erfolgten Kapitulation der 6. Armee in Stalingrad entsteht die fünfte Denkschrift; um ihr Gewicht zu verstärken, unterzeichnet Oberländer sie mit dem Zusatz *„im Zivilberuf Dekan und Professor der Nationalökonomie in Prag"*. Sein Verband befindet sich auf der Krim, veranlaßt die Wiedereröffnung von Moscheen und verteilt Saatgut sowie Verpflegung an die Tatarenbevölkerung. Der Ausbildungsstand der Kompanien wird verbessert, Speziallehrgänge werden durchgeführt. Das gibt dem kleinen deutsch-georgischen Arbeitskreis (s. o.) die Möglichkeit, *„24 Thesen zur Lage"* zu erarbeiten und über Admiral Canaris herauszugeben (15.3.43).

Unbekannt ist den Verfassern, daß unter dem 20. Februar der Reichsführer-SS einen Geheimbefehl, die *„Behandlung der europäischen Völker"* betreffend, erlassen hat: *„Anliegend übersende ich eine Bekanntmachung des Reichspropagandaleiters der NSDAP, die ich gerade im heutigen Zeitpunkt des Krieges für sehr wichtig halte. Sie ist von allen unseren Stellen strengstens zu befolgen. Im Vordergrund steht, daß der Krieg gewonnen wird. gez.: H. Himmler"*.

Die von Goebbels *„im Einvernehmen mit dem Leiter der Partei-Kanzlei"* herausgegebene und unterzeichnete *„Bekanntmachung"* entspricht *„den an die Obersten*

Reichsbehörden ergangenen Richtlinien des Reichsministers für die besetzten Ostgebiete über das Verhalten aller verantwortlichen Stellen zum Problem der Ostpolitik, insbesondere zur Frage der Behandlung der Ostvölker" (s. Anhang III).

Inhaltlich stimmen die dort erhobenen *„Forderungen"* mit jenen Oberländers und seiner Arbeitsgruppe überein, ein deutlicher Beweis für die Wirksamkeit ihres und des Bemühens von Admiral Canaris. Der Schock von Stalingrad mag Himmler zu diesem spektakulären Schritt veranlaßt haben — doch die Auswirkungen sind offenbar gering. Denn in der Wirklichkeit täglichen Handelns ändert sich in den Ostgebieten nichts.

Dem heutigen Betrachter drängt sich der Eindruck auf, daß die eigentlichen Entscheidungen nur noch zwischen Hitler und seinen Reichskommissaren — hier also Gauleiter Koch — fallen. Dieser Eindruck verstärkt sich, wenn man bedenkt, wie Hitler auf diese *„24 Thesen zur Lage"* reagiert (vgl. Vorwort des Herausgebers). Als Admiral Canaris die Denkschrift überreicht, blättert und liest Hitler einige Zeit darin, verbietet dann aber mit aller Schärfe dem Admiral, ihm noch einmal *„mit diesem Blödsinn"* zu kommen. Er beharrt auf seiner unheilvollen Kolonialthese, die in ihren furchtbaren Auswirkungen zur Katastrophe von 1945 führt.

Doch Canaris läßt nicht locker. Schon am 22. Juni 1943, *„dem Jahrestag des deutsch-europäischen Kampfes gegen die Sowjets"*, wird die sechste Denkschrift herausgegeben, die Oberländer und seine Mitarbeiter in der Ruhestellung auf der Krim erarbeiten. Ihr Titel hat Entscheidungscharakter: *„Bündnis oder Ausbeutung?"*

„Allem Anschein nach durchleben wir zur Stunde noch den letzten geschichtlichen Augenblick, um die einmalige Chance, die uns der Bolschewismus durch seine Politik der Menschenvernichtung und der Verachtung der Persönlich-

keitswerte in den Schoß legt, zu nutzen und die Bevölkerung Osteuropas für uns und Europa trotz aller gemachten Fehler als Verbündete zu gewinnen. Dies wird entscheiden, ob wir im Zusammengreifen von Waffen-Politik den Bolschewismus schlagen oder ob wir uns im Kampf mit dem Slawentum für Kleineuropa gegen Osteuropa verbluten."

Doch die prophetischen Worte verhallen fast ungehört. Canaris vermag die Sperre um Hitler nicht mehr zu durchdringen. Die Denkschrift gelangt nur noch bis zur SS-Führung. Himmler erwirkt die Entlassung Oberländers aus der Wehrmacht, die tatsächlich auch im August 1943 (de jure im November 1943) erfolgt.

Der Sonderverband „*Bergmann*" bleibt dennoch bestehen und wird sogar auf drei Bataillone verstärkt, die bis zum Kriegsende an der Ostfront, in Griechenland und auf dem Balkan immer wieder eingesetzt werden.

Bezüglich der Texte wird auf die „*Einführung in die dritte und vierte Denkschrift*" (letzter Absatz) verwiesen. /ZFI

FÜNFTE DENKSCHRIFT
15. März 1943

Wehe dem, der heute kritisiert,
statt zu kämpfen;
Wer aber in den entscheidenden Fragen
seines Volkes wider besseres Wissen
seiner vorgesetzten Dienststelle
gegenüber schweigt, ist kein National-
sozialist und verdient nicht den
grauen Rock zu tragen.*

---

* im letzten Halbsatz absichtliche Verwendung des NS-Jargons aus den mehrfach genannten Gründen /ZFI

24 Thesen zur Lage

1. **Die zur Herrschaft berufenen Völker** aller Zeiten haben es als das Ziel und den Höhepunkt ihrer Geschichte angesehen, Groß-Reiche zu gründen und den in diesen wohnenden Völkern den Frieden zu bringen.

So entstand auf der Grundlage des Griechentums die kurzlebige **pax macedonica** Alexanders;

das auf sein Heer und Beamtenschaft gegründete Mittelmeerreich der Römer, die als „Goldene Zeitalter" im Gedenken der Völker fortlebende **pax romana;**

der bisher ausgedehnteste aller Kontinentalstaaten, das Reich der Mongolen;

das weltweite Handelsreich der seefahrenden Briten, die selbstgerechte **pax britanica;**

das aus der einigenden Kraft des Christentums hergeleitete, auf höhere Leistung und besseres Recht gegründete Römische Reich der Deutschen Nationen, der glanzvolle, aber nicht zu Ende geführte Versuch einer das Abendland umfassenden **pax germanica.**

2. Die Entscheidung über das Gelingen der Reichsgründungen drängt sich in wenigen **historischen Augenblicken** zusammen. Die Gegenwart hat dem deutschen Volke eine solche einmalige Chance geschenkt, wie sie so günstig in Generationen nicht wiederkehren wird:

das staatsmännische Genie des Führers,*

der zeitliche Vorsprung in der **totalen Mobilmachung** unter allen Weltmächten,

die unter Völkern Europas um sich greifende **Einsicht** in die Notwendigkeit, den Kontinent angesichts der amerikanischen und asiatischen Großraum-Bildungen um einen Kernstaat zusammenzuschließen,

---

* absichtliche Verwendung des NS-Jargons (vgl. Vorwort etc.) /ZFI

die raum- und zeitüberwindende Wirkung der modernen **Technik** hat auf die Besonderheiten stolzen und in eifersüchtiger Abgeschlossenheit lebenden Staaten und Völkern Europas zusammengeführt und einander nahegebracht, die besonderen Schwierigkeiten einer Einigung Europas, verglichen mit der Großraumbildung in den geschichtsarmen Weiten Armerikas und unter den willenlosen Völkern Ostasiens, werden dadurch erstmalig in der Geschichte vermindert.

3. Deutschland und sein Kontinent sind nicht zu trennen. Endlich ist der Augenblick gekommen, der es gestattet, diese von der Natur gegebenen Tatsachen politische Wirklichkeit werden zu lassen, der von Deutschland geführte **Großraum Europa.***

Die Ungunst der deutschen Lage besteht darin, daß wir im Verlauf weniger Jahre, geschichtlich gesprochen also gleichzeitig, zwei sich praktisch ausschließende Aufgaben in Angriff zu nehmen hatten:

einmal die Schaffung Groß-Deutschlands, durch die sich naturgemäß alle unmittelbar betroffenen Völker ablehnend und viele andere mißtrauisch uns gegenüber einstellen;

zum anderen die Einigung Europas, für die wir dieselben Völker als **Bundesgenossen** für uns zu gewinnen suchen.

Um so wichtiger war es, die psychologischen Notwendigkeiten auf allen Gebieten der europäischen Politik voll zu berücksichtigen.

Flucht vor dieser Aufgabe wäre Verrat nicht nur an Europa, sondern auch am eigenen Volke. Denn das zur Führung berufene Volk, das sich seiner Aufgabe zu entziehen sucht, geht, wie das Beispiel der griechischen Staaten zeigt, in geistiger und politischer Bedeutungslosigkeit unter.

---

* absichtliche Verwendung des NS-Jargons (vgl. Vorwort etc.) /ZFI

4. Die altgefügte, auf den Wert der Persönlichkeit gegründete Kultur des Abendlandes steht heute in harter Bedrängnis gegen die den Menschen zum Atom entwürdigende Zivilisation des Groß-Raums der Sowjets im Osten und der Amerikaner aus Westen und Süden. Allen Europäern sichtbar ist **Deutschland Vormauer des Kampfes** gegen diese tödlichen Gefahren, so lange es sich selbst entschlossen und fähig zeigt, am eigenen Leibe mit allen Mitteln dieser Völkerkrankheit des **Materialismus** und der völkischen Zersetzung entgegenzutreten.

5. Es ist Materialismus, die Gewinnung besserer Lebensbedingungen als Kriegsziel des Reiches, wie es gelegentlich geschieht, zu bezeichnen.

Viel mehr muß dem militärischen Kampf eine geistige Offensive zur Seite stehen, die dazu angetan ist, alle Europäer einschließlich der Völker des Ostens als unsere Bundesgenossen mit sich zu reißen. Ihr Ziel ist die Erhaltung, Erweiterung und Gestaltung der unvergänglichen Werte des Abendlandes im Rahmen der weißen Rasse.

6. Die überzeugende Einigung Europas durch diesen Kampf, für diesen Kampf und für die Zukunft, kann, wenn sie Bestand haben soll, nur durch den **freiwilligen Entschluß** seiner Völker erfolgen, sich zur Kultur des Abendlandes und für seinen Vorkämpfer, Deutschland, zu bekennen; ähnlich wie im Volkstumskampf die Zwischenschicht nur durch freies Bekenntnis gewonnen werden kann.

7. Das Bekenntnis zu dem von uns als Ziel des Kampfes verkündeten Glauben an Europa setzt ein **klares, geistiges Programm** und den unzweideutigen Willen, es zu befolgen, voraus. Das zunächst inhaltlose Kennwort „Neues Europa" genügt nicht.

Der Überlieferung des Abendlandes entsprechend muß dieses Programm als Kernpunkt enthalten:

Bindung in Kultur und Religion,

Pflege der in ihrer Volksgemeinschaft verwurzelten Einzelpersönlichkeit,

durch staatliche Selbständigkeit oder Autonomie gesicherte Eigenständigkeit der Völker,

daher Kampf gegen die materialistische Plutokratie und Kollektivismus.

Es ist geschichtliche Erfahrung, daß unser Sieg über diesen Feind, der ein Feind unseres innersten Wesens ist und nicht der zufällige Gegner in einem höfischen Kabinettskrieg, desto leichter ist, je schärfer wir uns von ihm **geistig unterscheiden.**

8. Erst die sofortige **Verkündung** eines solchen Europa-Programms und seine **Durchführung in den von uns besetzten und befreiten Gebieten** schafft endlich den Völkern Europas die klare Grundlage für ihr Bekenntnis und beseitigt die den feindlichen und noch widerstrebenden Kräften vorteilhafte Ungewissheit über unsere Absichten.

Angesichts unserer Schweigsamkeit über das Programm des Neuen Europa kann sein mutmaßlicher Inhalt nur an der deutschen Haltung den unserer ausschließlichen Verfügungsgewalt unterliegenden Staaten und Völkern gegenüber abgelesen werden. Sie wird für Feind und Freund zum Prüfstein unserer wahren Pläne.

9. Die bisherige Praxis, besonders in den nach der amtlichen Ausdrucksweise „besetzten", nach unseren eigenen Propagandaparolen jedoch „befreiten" Ostgebieten, ist wenig geeignet, werbend zu wirken.

Denn sie fußt aus der Notwendigkeit des Krieges heraus auf der Überschätzung der wirtschaftlichen Belange und auf der Mißachtung des Menschen. Sie wird daher von den Bewohnern dieser Gebiete dem **Bolschewismus,** dessen Kernstück **Menschenverachtung** ist, gleichgesetzt.

10. Wenn auch die radikale Eintreibung der letzten verfügbaren Lebensmittel einen größeren Augenblickserfolg ergibt als eine vorsichtige Wirtschaftspolitik, so muß doch

letzterer bei voraussichtlicher Länge des Krieges der Vorzug gegeben werden, dem, der letzteres vertritt, kann man nicht vorwerfen, daß er lieber die Ukraine sattwerden und deutsche Frauen verhungern lasse. Die radikale Wirtschaftspolitik in der Ukraine schafft Partisanen und kostet Blut; sie schafft kurzfristige Erfolge und langfristige Mißerfolge. Wir benötigen aber in der Kriegswirtschaft der Ukraine den langfristigen Erfolg.

11. Es ist unbedingt erforderlich im 29. Jahre des Weltkrieges*, dessen Ursache die **Slawenfrage** war, von Reichs wegen Klarheit über ihre Lösung im Rahmen des europäischen Großraums zu gewinnen.

12. Zu Beginn des Krieges gegen den Bolschewismus hatten wir die Wahl, mit allen von Bolschewisten unterdrückten Völkern der Sowjet-Union gegen den Bolschewismus oder mit den vom Russentum unterdrückten Völkern gegen Russentum und Bolschewismus zu kämpfen. Die Kolonialthese führte dazu, daß keine der beiden Möglichkeiten ergriffen wurde.

Der Verlauf des Krieges gegen den Bolschewismus lehrte, daß wegen der Größe des Raumes Rußland nur mit Hilfe der Völker Osteuropas geschlagen werden kann.

13. Denn die Entscheidung über die Behandlung der Ostslawen und der übrigen Völker des Ostens blieb örtlichen Kräften und nachgeordneten Persönlichkeiten überlassen, die sich von **Sonderinteressen** der verschiedensten Art, aber nur bedingt von der einmaligen historischen Verantwortung von der Großraumbildung unseres Volkes leiten ließen.

14. So kam es zur Verzögerung in der Lösung der **Agrarfrage** im Sinne der neuen Agrarordnung; die Wiedereinführung des **Privateigentums** in den baltischen Ländern

* hier von 1914 ab gerechnet /ZFI

und die Vorbereitungen für eine privatwirtschaftliche Neuordnung in den übrigen Gebieten wurden hinausgeschoben oder überhaupt unterlassen; die Entfaltung einer eigenvölkischen Kultur im Sinne unserer Parole von der Befreiung der Völker wurde behindert; die Werbung der für das Reich bestimmten **Arbeitskräfte** nahm in vielen Gegenden die Formen einer Verschickung an; die **Gefangenenbehandlung** widersprach allen von uns selbst gegebenen Zusagen.

15. Dem Fehlen einer an den Reichsinteressen ausgerichteten und statt dessen von Sonderinteressen entstellten Ostpolitik ist es beispielsweise zuzuschreiben, daß das einzige größere Volk des Ostens, das in seiner Mehrheit deutschfreundlich gewesen ist, die **Ukrainer,** in eine feindliche, bestenfalls mißtrauisch abwartende Haltung uns gegenüber gedrängt wird. Das ukrainische Volk wollte mit uns kämpfen, wird aber als koloniale Helotenbevölkerung für unwürdig befunden und zurückgestoßen.

16. Die Folgen dieser mangelnden Klarheit können, wenn überhaupt, nur noch ausgeglichen werden durch Zugeständnisse und Maßnahmen, die, wenn sie sofort und freiwillig als Geschenke des Befreiers gewährt worden wären, zu wesentlichen Pfeilern unserer Stellung im Osten hätten werden können; tatsächlich und ehrlich gemeinte Abschaffung der Kollektivwirtschaften; tatsächlich und ehrlich gemeinte Gewährung von Selbstverwaltung an die befreiten Völker.

Denn auch die **Slawen** einschließlich der bisher zur Sowjetunion gehörenden Ostslawen gehören zu Europa. Ohne die freiwillige Mitarbeit der heute schon etwa die Hälfte der europäischen Bevölkerung ausmachenden Slawen ist das Neue Europa nicht aufzubauen, wie bereits Bulgaren, Slovaken und Kroaten bewiesen. Die Reichtümer ihres Siedlungsraumes ergänzen in glücklichster Weise das Wirtschaftsgefüge Europas.

17. Es ist politisch verhängnisvoll und sachlich unbegründet, die Slawen als rassisch minderwertige Heloten und den Osten als Kolonialland anzusehen. Auf dem Boden Europas ist für **Kolonien** und koloniale Ausbeutungsmethoden heute **kein Platz** mehr.

Besonders verhängnisvoll ist, daß aus dieser Fehleinschätzung der Ostslawen heraus unter der politisch unklugen Bezeichnung „Ostvölker" auch eindeutig europäische Völker wie die Esten, Letten, Litauer und die seit zwei Jahrtausenden mit dem Abendland verbundenen Völker des Kaukasus auf den Stand von Heloten verstoßen werden.

Selbst Völker, die, wie die Georgier oder Esten, selber in Jahrhundertealter Abwehrfront gegen die Slawen stehen, zwingen wir damit gegen ihren Willen und ihre Überlieferung in die sich bildende **deutschfeindliche Einheitsfront des Ostens.**

18. Die Schwierigkeiten unserer Ostpolitik lassen sich auf drei **Wurzeln** zurückführen:

a) Hauptquelle dieser Fehleinschätzung ist eine **materialistische** Auffassung der **Rassenlehre,** die zudem für die Völker Osteuropas über sachlich und wissenschaftlich unzureichende Beurteilungsgrundlagen verfügte. Der Anteil der nordischen Rasse, zusammen mit anderen im deutschen Volke vertretenen hochwertigen Rassen, wie etwa der dinarischen am Bestande der Völker des Ostens, ist, wie schon der flüchtige Augenschein lehrt, erheblich höher als gemeinhin angenommen wird.

b) Für Deutschland als Herz Europas ist ausreichender **Siedlungsraum** Voraussetzung seiner Existenz. Die beiden sich überschneidenden Aufgaben, Ausdehnung des deutschen Volksbodens und Schaffung des europäischen Großraums, müssen in unserer augenblicklichen Lage gleichzeitig verwirklicht werden.

Um so wichtiger ist es, die Siedlungsziele so zu stecken, daß bei einem Optimum an neuem Volksboden möglichst wenige Völker von ihnen betroffen werden und dadurch im Gegensatz zu uns geraten und wir der Freundschaft der übrigen desto sicherer sein können. (Polen gegen uns, Ukrainer für uns)

c) Kein zweites Volk ist wie das Deutsche durch seine Fähigkeit und seine Geschichte **zur Führung eines Großraumes berufen.** Durch den Umbruch der letzten Jahre und mit den verbundenen sozialen Umschichtungen im Reich sind Kräfte aus dem Innern des Volkes zur Geltung und zur Führung gekommen, ohne die der Aufstieg des Reiches nicht denkbar wäre. Mit ihnen kamen bei der entscheidenden wichtigen Führung fremden Volkstums aber auch Männer zu einer Verantwortung, der sie auf Grund generationslanger Abgeschlossenheit in binnendeutschen Verhältnissen bei der Vertretung des reichsfremden Volkstums gegenüber, besonders dem Osten, nicht immer gewachsen waren.

Nach der Katastrophe des 30jährigen Krieges wurde es jedoch der Herrschaft entwöhnt und finde dadurch oft in kleinbürgerlicher Zaghaftigkeit nur schwer die nötige Selbstsicherheit und Nationalstolz, aus denen heraus man herrscht wie ein zur Herrschaft Berufener und nicht kleinlich regiert mit allen Zeichen des Mißtrauens und Dünkels und bürokratischer Überheblichkeit.

19. Um die Wirkung dieser Mängel zu vermeiden und das Vertrauen der von uns befreiten Völker zu erhalten oder zu gewinnen, dürfen nur die bewährtesten, charakterfestesten und beispielhaftesten Männer mit der Verwaltung dieser Gebiete betraut werden, die möglichst unsichtbar die deutschen Belange wahrnehmen.

20. **Japan** hat beim Aufbau seines ostasiatischen Großraums eine glückliche Hand bewiesen, als es in weitblickender Klugheit die Selbständigkeitsbestrebungen der von ihm eroberten Völker achtete und sogar förderte:

Chinesische Nationalregierung als Gegenregierung gegen Zentralchina; Anerkennung der Souveränität der malayischen Fürsten; Selbständigkeitserklärung Burmas.

Die in den besetzten Ostgebieten angewandte Ausbeutungspolitik führte zu einer schnellen und gründlichen Enttäuschung der Völker des Ostens und ihrer Abkehr vom **Neuen Europa.** Das birgt die Gefahr in sich, daß der Bolschewismus in diesen Gebieten neuen Nährboden findet.

21. § 24 des Parteiprogramms: **„Gemeinnutz geht vor Eigennutz"** hat in unserer Haltung anderen Völkern gegenüber keine Anwendung gefunden. Ohne schärfste Beachtung dieser Forderung gegenüber allen mit uns aufbauwilligen Kräften Europas kann die von uns gewollte Schicksalsgemeinschaft der europäischen Völker nicht verwirklicht werden.

22. Die Verwirklichung der europäischen Schicksalsgemeinschaft hat zur Voraussetzung, daß noch während des Krieges ein möglichst großer Teil der europäischen Völker mit der Waffe in der Hand um dieses kämpft. Die völlige Bereitschaft dazu war bei der Mehrzahl der Völker Osteuropas vorhanden, wurde aber nicht immer wahrgenommen. Noch ist es Zeit, die Völker Osteuropas auch bei einer verminderten Einsatzbereitschaft durch richtige Behandlung und Zielsetzung als Bundesgenossen im Kampf um Europa zu gewinnen.

23. **Rom** war in der vorteilhaften Lage, die Kriege gegen seinen Reichsfeind Nr. 1, Carthago, und gegen die reichsfremde Völkerflut nacheinander führen zu können. Der Nachteil unserer geschichtlichen Entwicklung hat uns genötigt, beide Kriege, den Kampf gegen England — Amerika und gegen die Massen der Sowjet-Union **gleichzeitig** zu unternehmen.

Um so schwerer wiegt in dieser ernsten Lage jeder Mißgriff und um so härter trifft die Verantwortung jeden, der solchen Mißgriff begeht oder ... ohne Widerstand zusieht.

24. Trotzdem ist die **Gunst der Stunde** immer noch groß. Aber sie verlangt sofortiges **Handeln,** treu gegen uns selbst, nach dem **Gesetz, nach dem wir angetreten.**

Wir kamen im Namen des **Abendlandes** und als sein **Führer.** Wie unter Volksgenossen ist unter Völkern dauerhafte Führung abhängig von der Zustimmung der Geführten.

Die Zustimmung der Völker kann von uns nur gewonnen werden durch Verkündung einer besonderen **Ordnung.**

Die bisher noch nicht verkündete Ordnung erscheint den Völkern nur dann als die bessere, wenn sie und ihr Fortbestand durch das bessere **Recht** gewährleistet wird. Der Grundsatz dieses Rechts lautet in Abkehr von den Lehren von 1789 nicht „Gleiches Recht für alle" sondern „Jedem das Seine", keinem aber, auch dem letzten russischen Proletarier und Kolchosebauern nicht, ein auf Rechtlosigkeit, Mißachtung und damit auf Mißtrauen beruhendes Helotendasein.

„Jedem das Seine" verlangt von uns Anerkennung der **Volkspersönlichkeiten** in all ihrer Vielgestalt, aus der der Reichtum und die Einmaligkeit des Abendlandes beruht. Der Schild des Reiches gewährleistet die Einheit, die in der Gegenwart lebende Geschichte Europas die **Vielfalt.** Ihre Verbindung verwirklicht die bisher höchste von einem nordischen Volke, dem der Griechen, seinen **Staatsmännern** gestellte Forderung: **Einheit in der Vielfalt.**

SECHSTE DENKSCHRIFT
22. Juni 1943
Bündnis oder Ausbeutung?

1. Europa steht im Kampf an zwei Fronten
2. Was aber umfaßt Europa?
3. Die Notwendigkeit ergänzender politischer Maßnahmen
4. Die wichtigsten politischen Waffen:

   Die Ostgebiete werden nicht durch ‚unterwertige' Menschen bewohnt — beschleunigte Agrarreform — Wiederentwicklung der Selbstverwaltung — positive Kultur- und Sozialpolitik — Siedlungspläne gemäß der Volkskraft — „Wahres Herrentum"

5.-10. Mahnungen, Möglichkeiten, Gefahren

1. Europa steht im Kampf an zwei Fronten:

Gegen die kulturfeindliche, auf der willenlose Masse begründetete Militärmaschine des Bolschewismus aus dem Osten und der technischen Massenzivilisation Amerikas aus dem Westen. Zwar hat das Reich auf dem Kontinent von den Partisanen des Ostens abgesehen, keine militärische Gegner, aber statt des für die siegreiche Verteidigung der Festung Europa unerläßlich freudigen Einsatzes aller Kräfte aller Belagerten stoßen wir auf Gleichgültigkeit oder verborgene Gegnerschaft. Denn den meisten Angehörigen der europäischen Völkergemeinschaft ist die Tatsache der gemeinsamen Belagerung noch nicht zum Bewußtsein gekommen; die deutsche Führung hat sich dieser zentralen Frage bisher nur in fragmentarischen Erklärungen zugewandt. Es ist aber notwendig, die Europäer durch unmißverständliche Maßnahmen zu überzeugen:

a) von der Größe der allen gemeinsamen äußeren Gefahr

b) von der hieraus folgenden Gleichartigkeit der Interessen der Völker Europas

c) von der Notwendigkeit eines Zusammenwirkens unter deutscher Führung.

2. Was umfaßt aber Europa?

Klein-Europa ohne die befreundeten Ostgebiete hat im Kampf der Großräume der Erde die Bedeutung einer Halbinsel, etwa der Größe und der machtpolitischen Potenz des klassischen Griechenland innerhalb der römischen Welt. Die befreiten Ostgebiete haben sich heute noch nicht für die Zugehörigkeit zu Europa oder Sowjetasien entschieden. Ihre wirkliche Hinwendung zu Europa und die allein dadurch bewirkte Ausweitung des Kontinents zum weltpolitisch-konkurrenzfähigen Großraum ist an die innere freiwillige Option der befreiten Völker gebunden. Man kann diese Entscheidung auch tätiges Vertrauen zu Deutschland nennen.

3. **Der Krieg im Osten kann durch rein militärische Erfolge nicht gewonnen werden, sie müssen durch politische Maßnahmen ergänzt und unterstützt werden.**

Der Krieg im Osten ist einer Zange vergleichbar, die nur wirksam wird durch den gleichzeitigen Ansatz des militärischen **und** des politischen Hebels. Die heutige Lage weist eine überraschende Ähnlichkeit mit dem militärischen Kampf um die Behauptung des Bolschewismus auf. Damals vernichtete Lenin durch geschickte Anwendung der Themen „Freiheit den Völkern" und „Land den Bauern" während des Bürgerkrieges mit militärisch geführten weißrussischen Armeen, indem er ihnen politisch den Wind aus den Segeln nahm.

4. Im folgenden werden die wichtigsten politischen Waffen, deren sofortiger Einsatz die ständige Begleiterin der militärischen Maßnahmen bilden muß, genannt:

Hierzu sei vorausgeschickt:

Bei politisch geschickter Verkündung und Durchführung der nachstehenden Maßnahmen läßt sich die vielfach befürchtete und unerwünschte Festlegung der deutschen Ostpolitik nach dem Siege durchaus vermeiden.

Hierzu gehören:

a) **Restlose Aufgabe der** (in der Tat durch nichts begründeten) **Auffassung, daß die Ostgebiete nur von „unterwertigen" Menschen bewohnt seien** und daher im Kolonialstil des 19. Jahrhunderts regiert werden können. Wir müssen uns entschließen, in den Völkern der Ostgebiete politische Faktoren zu erblicken. Ihre Reaktion auf unsere Maßnahmen ist für den Endsieg von entscheidender Bedeutung und muß daher von uns in Rechnung gestellt werden.

b) **Beschleunigte Agrarreform**

Die vorhin angedeutete Schwebelage zwischen Europa und Sowjetasien erzeugt unter anderem eine gefährliche Anfälligkeit, bei der erfahrungsgemäß politische Maßnahmen zu besonders spürbaren Ausschlägen führen. Den obersten Rang nimmt hier die Agrarfrage ein. Das beweist:

aa) die Unfähigkeit zur Lösung der Bauernfrage hat gewaltigen Anteil am gesellschaftlichen und staatlichen Zusammenbruch des Zarenreiches,

bb) ihre geschickte taktische Lösung durch den Ruf „Das Land der Bauern" führte an sich konservative Landbevölkerung in die Arme der Bolschewiken,

cc) Die Einführung des Kolchossystems machte den Bauern schlagartig zum erbitterten Feind des Bolschewismus.

Der für die europäische Nahrungsfreiheit entscheidende freiwillige Einsatz des osteuropäischen Landvolkes kann nach diesen Erfahrungen nur durch Wiedererweckung der bäuerlichen privatwirtschaftlichen Instinkte erreicht werden. Durch den verspäteten Erlaß und die schleppende und ungenügende Durchführung der an sich richtigen neuen Agrarordnung ist das nicht gelungen. Gespräche mit der Bevölkerung lassen erkennen, daß auch der Agrarerlaß vom 3.6.43 keine Durchschlagskraft hat. Er wird als neuerliches Versprechen empfunden, ein bisher nicht gehaltenes Versprechen nun doch zu erfüllen. Notwendig ist daher nunmehr die kompromißlose Durchführung der längst befohlenen Agrarordnung.

c) **Wiederentwicklung der Selbstverwaltung**

Die landeseigenen Kräfte, die sich in freudiger Bereitwilligkeit für den Aufbau der Selbstverwaltung zur Verfügung stellten, wurden überall ausgeschaltet, sie stehen in wachsender Enttäuschung gegen Deutschland verbittert beiseite. Von den an ihrer Stelle ins Land geholten 200 000 Deutschen sind bei Aufbau einer landeseigenen Selbstverwaltung in den befreiten Ostgebieten 3/4 für den Aufbau 10 neuer Divisionen freizumachen. Um nur ein Beispiel herauszunehmen: Durch die hervorragenden Führungseigenschaften der Deutschen in der Donaumonarchie gegenüber fremden Volkstum war es möglich, mit wenig deutschen Kräften bei weitgehender landeseigener Selbstverwaltung vorbildlich zu regieren.

d) **Positive Kultur- und Sozialpolitik**

Die kriegswirtschaftlichen Notwendigkeiten legen der Bevölkerung der befreiten Ostgebiete harte Beschränkungen auf. Umso wichtiger ist es — selbstverständlich ohne Beeinträchtigung der Erfordernisse des totalen Krieges — ihr auf anderen Gebieten, besonders dem der Kultur- und Sozialpolitik entgegenzukommen.

Hier insbesondere muß die junge, sowjetisch erzogene Generation bis zu 30 Jahren intensiv erfaßt und für uns gewonnen werden, da sie die entscheidende Menschenschicht ist, mit der wir in Zukunft zu arbeiten haben.

Ferner ist es von besonderer Bedeutung, die Frauen für uns zu gewinnen, die an Energie und Charakterstärke den Männern oft gleichkommen und als Folge der Kriegsverhältnisse zahlenmäßig besonders ins Gewicht fallen. Zahlreiche Maßnahmen der Ostverwaltung, insbesondere des Reichskommissars für die Ukraine, widersprechen krass diesem Gebiet politischer Klugheit. Sein Erlaß gegen Mutterschutz und Säuglingspflege vom November 42, der Schulschließungserlaß (24.10.42) und der Hochschulschließungserlaß (20.6.42) haben Millionen von Ukrainern in ihrem gläubigen Vertrauen auf Deutschland erschüttert und Tausende in die Reihen des Partisanentums getrieben. Der Versuch, ein entwickeltes, sozial differenziertes Volk in Europa durch Zwangsdegeneration zu schwächen, ist absurd. Solche Maßnahmen sind nur Nadelstiche, verheerend nicht für die betroffenen Völker sondern lediglich in der politischen Auswirkung gegen uns.

e) **Siedlungspläne gemäß der Volkskraft**

Unsere Siedlungspläne sind von unserer Volkskraft abhängig, die begrenzt ist. Daher darf die Erreichung kriegswichtiger Nahziele nicht durch Propagierung uferloser Siedlungsziele unmöglich gemacht werden.

Die Erörterung und Durchführung von Siedlungsmaßnahmen sollte während des Krieges auf das unbedingt notwendige Maß beschränkt werden. Die daraus entstehenden kriegshemmenden Schwierigkeiten stehen in keinem Verhältnis zu ihrem bevölkerungspolitischen Nutzen.

f) **„Wahres Herrentum"**

Die Völker des Ostens kannten den Deutschen als harten aber gerechten Herrn. Sie haben ihn daher oft nicht geliebt, aber immer geachtet. Nur diese innere Einstellung ermöglicht uns die Bewältigung der Führungsaufgaben im Osten. Wegen Unsauberkeit und Korruption in den eigenen Reihen muß daher unnachsichtig nach den Grundsätzen des Kriegsrechts durchgegriffen werden.

5. Die geforderte Entscheidung ist nicht ohne Einfluß auf die Leistung der besetzten Ostgebiete für die europäische Kriegswirtschaft. Bei bisher vom Reich aus der ernährungswirtschaftlichen und arbeitseinsatzmäßigen Enge diktierten Lieferungsauflagen an Lebensmitteln und Arbeitskräften lag die Vorstellung zu Grunde, daß es sich um kurzfristig erreichbare kriegswirtschaftliche Ziele zur Vorbereitung militärischer Schläge handelt, zu deren Erreichung jedes Mittel recht ist. Die Wahl der Mittel war bei den Ausführungen entsprechend verschieden, weil der östliche Mensch verschieden beurteilt wurde und die einheitliche politische Steuerung, die allein auch die Gleichheit der Mittel gewährleistet, fehlte. Jetzt, wo sich ganz klar die Möglichkeit einer langfristigen Verteidigung Großeuropas abzeichnet, muß an die Stelle des kurzfristig erzwungenen Wirtschaftserfolges die langfristige Planung mit entsprechender Menschenbehandlung treten. Jetzt wird die Wahl der Mittel entscheidender als der blitzschnelle Erfolg. Die Umstellungszeit mag durch das Nachlassen drastischer Arbeiterfangmethoden und wirtschaftlicher Erfassungsmaßnahmen vorübergehend einen geringeren Ertrag für das Reich erbringen, sie schafft aber zugleich mit einer die politischen und wirtschaftlichen

Gebiete erfassenden Erziehung die Garantie für eine Dauerleistung.

6. Um Blut zu sparen und die Unterwanderung des geschlossenen deutschen Siedlungsraumes durch fremdes Volkstum in erträglichen Grenzen zu halten, müssen wir versuchen, nicht nur die Arbeitskraft, sondern auch die Kampfkraft fremden Volkstums für uns einzusetzen. Die Aufstellung fremder Verbände, insbesondere der russischen Befreiungsarmee und die Unterstützung ihres Führers Gen.-Ltn. Wlassow ist über das Stadium der Propaganda hinausgewachsen und bereits eine politisch militärische Realität. Die Zahl der 800 000 landeseigenen Freiwilligen in der Ostfront kann wesentlich vermehrt werden, wenn sie wissen, wofür sie kämpfen. Denn es ist nicht zu erwarten, daß Russen, Ukrainer, Letten oder Tartaren für uns kämpfen und sterben, während ihre Völker in einem Helotendasein dahinleben. Ein Zurück kann es auf dem Gebiet der militärischen Zusammenarbeit mit den landeseigenen Freiwilligen nicht geben. Jeder Fehler in der Behandlung oder jede Zwangsüberführung von Kämpfern zur Arbeitskraft bedeutet die Gefahr des Abgleitens ins Partisanentum.

7. Eine angemessene Politik als Folge eines entschlossenen Umbruchs in unserem Verhältnis zum Bewohner der befreiten Ostgebiete verwandelt ihn zu einem krisenfesten Europäer. Sie beseitigt dadurch seine Anfälligkeit gegenüber dem massiven Ansturm der auf allen Registern spielenden Sowjetpropaganda; sie macht ihn zu einem einsatzfreudigen und daher leistungsfähigen Arbeiter; sie führt die kämpferischen Elemente in die Reihen der Wehrmacht und spart somit kostbares deutsches Blut.

8. Dieser Umbruch in der Ostpolitik muß erkennbar und total sein. Es wäre verhängnisvoll, diese uns noch verbliebenen politischen Mittel in Form von Teilkonzessionen als Kleingeld ohne greifbaren Erfolg aus der Hand zu geben. Alle Teillösungen würden von der Bevölkerung als Einge-

ständnis unserer Schwäche empfunden, ihre Begehrlichkeit reizen und mit neuen Forderungen beantwortet werden.

9. Es wäre ein folgenschwerer Irrtum, die Dynamik zu verkennen, die der gegenwärtigen Lage im Osten innewohnt, sie bewegt sich einer Entscheidung zu. Fällt sie nicht für uns aus, so wird sie gegen uns sein. Erfolgt eindeutig und rechtzeitig daher der geforderte Umbruch in der Ostpolitik nicht, so sind die Sowjetlosungen: „Zweiter vaterländischer Krieg", „Sowjetnationalstaat", „Jeder Sowjetbürger ein Partisan", „Slawen vereinigt Euch", die heute zum Teil noch bloße Parolen sind, die bittere Wirklichkeit von morgen. Wie ernst man eine solche Lage nehmen muß, zeigt folgende Äußerung eines führenden Kommunisten:

„Wir haben das russische Volk wirklich schlecht behandelt, so schlecht, daß es eine Kunst ist, es noch schlechter zu behandeln. Die Deutschen haben diese Kunst fertiggebracht. Auf die Dauer wählt ein Volk von zwei Tyrannen den, der seine eigene Sprache spricht, also werden wir den Krieg gewinnen." *

Das taktisch kluge Verhalten der Roten Armee bei der Besetzung Charkows (16.2. - 12.3.43) hat seine Wirkung auf die Bevölkerung nicht verfehlt und zeigt, zu welche weitgehender Konzessionen der Bolschewismus heute bereits fähig ist.

Die heute vertretene Auffassung von dem angeblich geschichtslosen Menschenmaterial Osteuropas gleicht verhängnisvoll der Vorstellung Josephs II von der kulturellen Primitivität der Nationalitäten seines Reiches, deren bis heute nachwirkende Folgen uns eindringlich warnen sollten.

10. Es gibt Augenblicke in der Geschichte, die einmalig sind. Generationen können sich mühen, aber die Vorsehung gibt nicht wieder, was sie kurz zuvor zu schenken bereit war.

---

* Leutnant Jakob Dschugaschwili, der Sohn Stalins, im Oktober 1941 beim Verhör nahe Poltawa /ZFI

Allem Anschein nach durchleben wir zur Stunde noch den letzten geschichtlichen Augenblick, um die einmalige Chance, die uns der Bolschewismus durch seine Politik der Menschenvernichtung und der Verachtung der Persönlichkeitswerte in den Schoß gelegt, zu nutzen und die Bevölkerung Osteuropas für uns und Europa trotz aller gemachten Fehler als Verbündete zu gewinnen.

Dies wird entscheiden, ob wir im Zusammengreifen von Waffen-Politik den Bolschewismus schlagen oder ob wir uns im Kampf mit dem Slawentum für Kleineuropa gegen Osteuropa verbluten.

Die augenblickliche innere Lage der Sowjetunion verspricht für politische Offensive im Sinne der vorgeschlagenen Maßnahmen besonderen Erfolg.

Nachwort des Herausgebers

Professor Oberländer, der weiterhin zu seinen Denkschriften stand, wurde im August 1943 in Prag „*in Stadtarrest*" genommen. Er erhielt von Obergruppenführer Frank den Befehl, schwerverwundete SS-Offiziere, die ihre Hände verloren hatten, für das Examen an der Universität in Prag (Diplom-Volkswirt) vorzubereiten. Oberländer löste diese Aufgabe so gut, daß Frank bei Himmler, der Oberländer zu „*beseitigen*" beabsichtigt hatte, vorstellig werden und dessen Begnadigung erreichen konnte.

Ende 1944 wurde Oberländer zum Stabe der Wlassow-Armee kommandiert; er gehörte ihm bis zur Kapitulation an. In amerikanischer Gefangenschaft wurde ihm die Genugtuung zuteil, daß man seine Denkschriften kannte. Als er sich als ihr Verfasser identifizieren konnte, gewann er damit das Vertrauen der Verantwortlichen und konnte erreichen, daß die auf deutscher Seite eingesetzten ehemaligen Rotarmisten des Maltzew'schen Luftkorps nicht — wie die übrigen Freiwilligenverbände — an die Sowjets, denen die US-Amerikaner damals noch vertrauten, ausgeliefert wurden.

1950 - 1953 bayerischer Staatssekretär, war Oberländer — der den BHE (Bund der Heimatvertriebenen und Entrechteten) mit begründete — von 1953 bis 1960 Bundesminister für Vertriebene, Flüchtlinge und Kriegsgeschädigte. Er lebt heute in Bonn und arbeitet u. a. daran, eine Europäische Ehrenschutzkommission zu gründen. Oberländer ist der zweifellos zutreffenden Meinung, daß Westeuropa Instrumente der psychologischen Verteidigung entwickeln muß, mit Hilfe derer es der nach wie vor andauernden psychologischen Kriegsführung wirksam entgegentreten kann. /ZFI

Anhang

I. Kartenskizzen

— der deutsche Operationsplan für die Sommeroffensive 1942

— die deutsche Sommeroffensive, 28.6. - 13.7.1942

II. Die Osttruppen und Freiwilligenverbände 1941 - 1945

III. Abschriften des Befehls des Reichsführers-SS vom 20. Februar 1943 betr. „*Behandlung der europäischen Völker*" mit Anlage einer Bekanntmachung des Reichspropagandaleiters der NSDAP vom 15. Februar 1943

Faksimiles dieser Dokumente (S. 139 - 144)

Der deutsche Operationsplan für die Sommeroffensive 1942

(Weisung Nr.41 vom 5.4.1942)

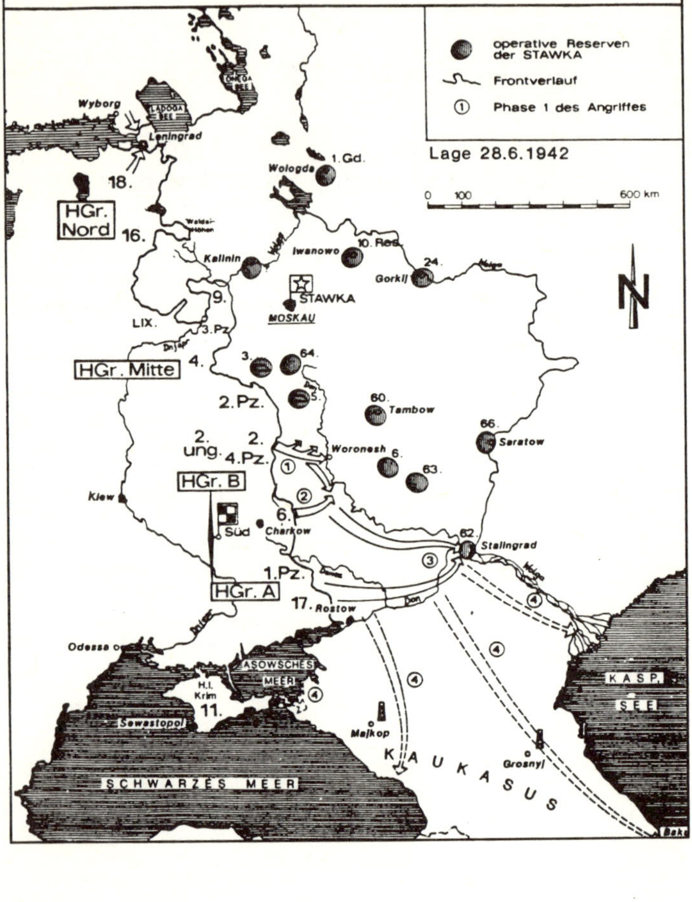

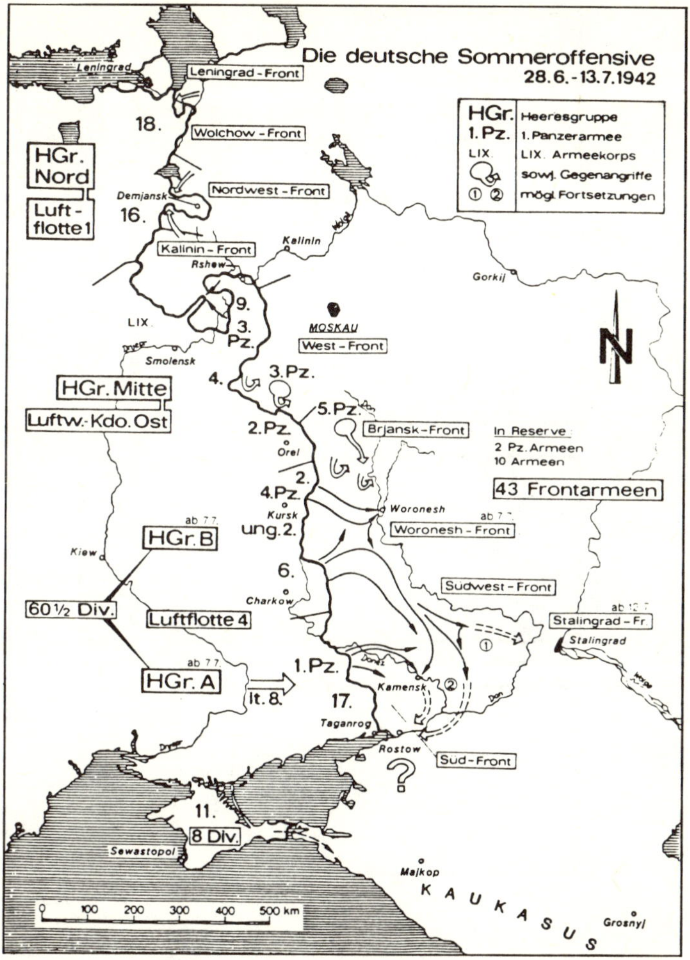
Die deutsche Sommeroffensive
28.6.-13.7.1942
HGr. Heeresgruppe
1. Pz. 1. Panzerarmee
LIX. LIX. Armeekorps
sowj. Gegenangriffe
① ② mögl. Fortsetzungen
Leningrad
Leningrad - Front
18.
Wolchow - Front
HGr. Nord
Luftflotte 1
Demjansk
Nordwest - Front
16.
Kalinin - Front
Kalinin
Rshew
Gorkij
9.
3. Pz.
LIX.
MOSKAU
West - Front
Smolensk
4.
3. Pz.
HGr. Mitte
Luftw.-Kdo. Ost
5. Pz.
2. Pz.
Orel
Brjansk - Front
In Reserve
2 Pz. Armeen
10 Armeen
43 Frontarmeen
2.
4. Pz.
Kursk
Woronesh
ung. 2.
Woronesh - Front
HGr. B
Kiew
6.
Charkow
Südwest - Front
60 1/2 Div.
Luftflotte 4
Stalingrad - Fr.
Stalingrad
HGr. A
1. Pz.
Donez
Kamensk
It. 8.
17.
Don
Taganrog
Rostow
Süd - Front
11.
8 Div.
Sewastopol
Majkop
K A U K A S U S
Grosnyj
0 100 200 300 400 500 km

Die Osttruppen und Freiwilligenverbände 1941–1945

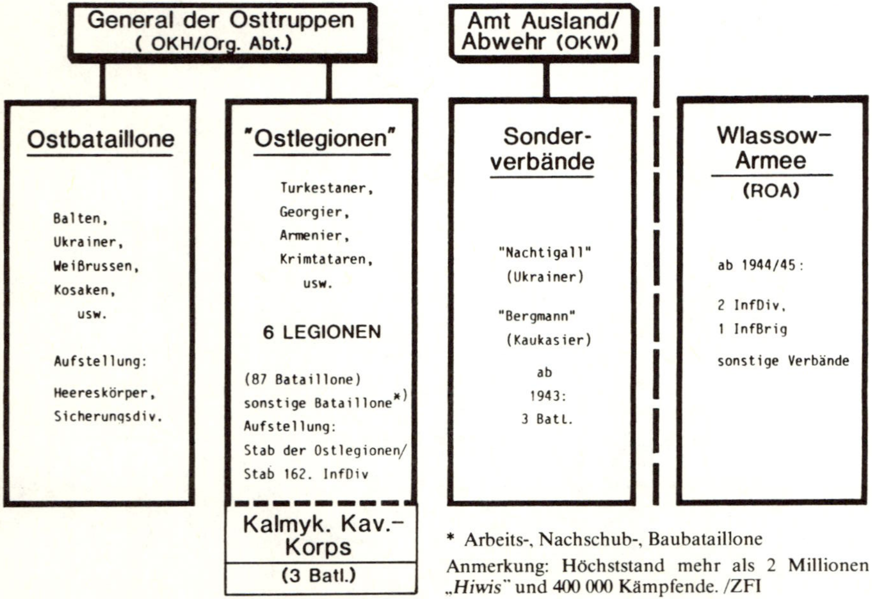

* Arbeits-, Nachschub-, Baubataillone

Anmerkung: Höchststand mehr als 2 Millionen „*Hiwis*" und 400 000 Kämpfende. /ZFI

Abschriften des Befehls des Reichsführers-SS vom 20. Februar 1943 betr. *„Behandlung der europäischen Völker"* mit Anlage einer Bekanntmachung des Reichspropagandaleiters der NSDAP vom 15. Februar 1943 (im Anschluß die Faksimiles).

Der Reichsführer-SS
Persönlicher Stab *Feld-Kommandostelle, 20. Febr. 1943*
Tgb.Nr.: 36/62/43 g.
Bra/Dr.
Betr.: Behandlung der europäischen Völker *Geheim!*

SS-Gruppenführer Berger
SS-Hauptamt
Berlin

Lieber Gruppenführer!

In der Anlage übersende ich ein Schreiben des Reichspropagandaleiters der NSDAP. Der Reichsführer-SS wünscht folgende Verteilung:

An alle
1.) Hauptämter
2.) Höheren SS- und Polizeiführer
3.) SS- und Polizeiführer
4.) Befehlshaber der Ordnungspolizei
5.) Befehlshaber der Sicherheitspolizei.

Das Begleitschreiben dazu soll den nachstehend aufgeführten Text haben:

„Anliegend übersende ich eine Bekanntmachung des Reichspropagandaleiters der NSDAP, die ich gerade im heutigen Zeitpunkt des Krieges für sehr wichtig halte. Sie ist von allen unseren Stellen strengstens zu befolgen. Im Vordergrund steht, dass der Krieg gewonnen wird.

gez.: H. Himmler"
Heil Hitler!
(Unterschrift)
SS-Obersturmbandführer

Anlage

Reichspropagandaleiter NSDAP. *Berlin W 8, den 15. Februar 1943 Wilhelmplatz 8-9.*

Geheim!

An alle Reichsleiter, Gauleiter, Gaupropagandaleiter.

Betrifft: Behandlung der europäischen Völker.

Der Führer hat in seiner Proklamation zum 30. Januar 1943 in eindeutiger Weise auf die Bedeutung des nationalsozialistischen Kampfes in der Vergangenheit, Gegenwart und Zukunft nicht nur für Deutschland sondern darüber hinaus für ganz Europa hingewiesen.

„Heute---.. erkennen wir aber erst ganz, was aus Deutschland und aus ganz Europa geworden wäre, wenn am 30. Januar 1933 die Vorsehung durch den Reichspräsidenten Generalfeldmarschall von Hindenburg dem Nationalsozialismus die Macht nicht übertragen haben würde".

„Was wäre aus dem deutschen Volk und aus Europa geworden, wenn am 22. Juni 1941 nicht in letzter Minute die neue deutsche Wehrmacht ihren Schild vor den Kontinent gehalten hätte? Wer will glauben, daß die lächerlichen Garantien und ebenso belanglosen papierenen Erklärungen angelsächsischer Staatsmänner die Welt gerettet hätten vor dem Überfall durch eine Macht, die, wie es heute amerikanische Korrespondenten ruhig aussprechen, seit zwanzig Jahren nur ein Ziel hatte ..... Europa zu überfallen und seine Kultur zu vernichten".

„...... So gibt es auch heute nur diese beiden Alternativen: Entweder es siegen Deutschland, die deutsche Wehrmacht und die mit uns verbündeten Länder und damit Europa, oder es bricht von Osten her die innerasiatisch-bolschewistische Welle über den ältesten Kulturkontinent herein, genau so zerstörend und vernichtend, wie dies in Rußland selbst schon der Fall war".

Hieraus ergeben sich für die Behandlung der außerhalb Deutschland lebenden europäischen Völker einschließlich der Ostvölker sowie für die Behandlung von Plänen des Reiches im Osten in Reden, Aufsätzen und sonstigen Veröffentlichungen folgende klare Forderungen:

1. Es müssen für den Sieg nicht nur alle noch irgendwie vorhandenen und verfügbaren Kräfte des deutschen Volkes mobilisiert werden, sondern die jener Völker, welche die bisher im Verlauf des Krieges von uns besetzten oder eroberten Länder bewohnen. Jede Kraft des europäischen Kontinents, also auch vor allem der Ost-

völker, muß in den Kampf gegen den jüdischen Bolschewismus eingesetzt werden.

2. Die gesamte Propandaarbeit der NSDAP. und des nationalsozialitischen Staates muß daher darauf ausgerichtet werden, nicht nur dem deutschen Volk, sondern auch den übrigen europäischen Völkern einschließlich der Völker in den besetzten Ostgebieten und den noch bolschewistischer Herrschaft unterstehenden Ländern den Sieg Adolf Hitlers und der deutschen Waffen als in ihrem ureigensten Interesse liegend klarzumachen.

3. Es verträgt sich hiermit nicht, diese Völker, insbesondere die Angehörigen der Ostvölker direkt oder indirekt, vor allem in öffentlichen Reden oder Aufsätzen herabzusetzen und in ihrem inneren Wertbewußtsein zu kränken.

Mann kann diese Menschen der Ostvölker, die von uns ihre Befreiung erhoffen, nicht als Bestien, Barbaren usw. bezeichnen und dann von ihnen Interesse am deutschen Sieg erwarten. Wie wir in der Kampfzeit in Deutschland zwischen dem System der demokratisch-marxistischen Parteien einerseits und den von ihnen irregeführten deutschen Menschen andererseits unterschieden haben, so muß auch jetzt immer nur die Bestie Stalin und die Bestialität des bolschewistischen Systems angegriffen werden, nicht aber die Völker, die von ihm unterworfen wurden.

4. Ebenso unangebracht ist eine Darstellung der künftigen Neuordnung Europas, aus der die Angehörigen fremder Völker den Eindurck gewinnen könnten, als ob die deutsche Führung sie in einem dauernden Unterwerfungsverhältnis zu halten beabsichtige.

Äußerungen, daß Deutschland im Osten Kolonien errichten und Kolonialpolitik treiben werde, das Land und seine Bewohner als Ausbeutungsobjekt betrachte, sind völlig verfehlt. Sie würden der Sowjetpropaganda nur eine willkommene Gelegenheit zu der Behauptung bieten, daß Deutschland die Völker des Ostens auf eine Stufe mit den Negern stelle. Dies würde bei der Bevölkerung wie bei den Sowjettruppen nur eine Stärkung des Widerstandswillens gegen die deutsche Wehrmacht und das Deutsche Reich zur Folge haben.

5. Ebenso abwegig ist es, von neuen deutschen Siedlungen oder gar Großsiedlungen und Landenteignung zu sprechen oder theoretische Aufsätze über die Frage zu verfassen, ob man die Völker oder den Boden germanisieren müsse. Gerade der nationalsozialistische Grundsatz, daß nur der Boden germanisiert werden kann, wird ohnehin von feindlicher Seite dahin ausgewertet, daß eine riesige Aussiedlung der Völker als Plan des Reiches verkün-

det werde. Der feindlichen, insbesondere der Sowjetpropaganda darf hierzu keine Handhabe geboten werden, da auch hier das Ergebnis eine Stärkung des Widerstandswillens der Ostvölker wäre.

Erst recht kann eine Verschickung der alteingesessenen Bevölkerung nicht erörtert werden.

6. Demgegenüber ist bei allen sich bietenden Gelegenheiten der Freiheitswille, der Kampfwille gegen das bolschewistische Terrorregiment, wie er die von den Sowjets unterdrückten Völker beseelt, ihr Soldatentum sowie ihre Arbeitswilligkeit hervorzuheben. Als Beweis ist der Einsatz der Ostvölker in landeseigenen Truppenkontingenten, wie ihn der Wehrmachtsbericht bereits hervorhob, der Einsatz der Ostarbeiter im Reichsgebiet und die Arbeit anzuführen, durch die die Ostvölker in industriellen oder landwirtschaftlichen Betrieben ihrer Heimat unter deutscher Führung das Ihre für den Sieg, für die deutsche Rüstung und die Sicherung des Ernteertrages leisten.

7. Die besetzten Ostgebiete werden nach ihrer planmäßigen Zerstörung durch den Bolschewismus (entsprechend Stalins Befehl der verbrannten Erde) unter deutscher Führung wieder aufgebaut. Dies sichert mit den Reichtümern des Bodens Deutschland, ganz Europa und damit auch den im Osten lebenden Völkern die Nahrungs- und Rohstoffreiheit und den sozialen Aufstieg für alle Zukunft.

Alles, was die notwendige Mitarbeit aller europäischen Völker, insonderheit der Ostvölker für den Sieg gefährdet, muß also unterlassen werden. Jede Entgleisung würde nur der Sowjetpropaganda die Handhabe geben, womöglich auf das Zeugnis führender Persönlichkeiten des Reiches hinzuweisen, welche die Knechtung der Völker des Ostens zum Ziele hätten. Jede Vorsicht in Äußerungen hilft dagegen deutsches Blut sparen und den Sieg erringen.

Im Einvernehmen mit dem Leiter der Partei-Kanzlei (gemeint ist: Reichsminister Bormann /ZFI) bitte ich um strengste Beachtung aller dieser Folgerungen aus den Richtlinien des Führers im Gesamtbereich der Parteiarbeit und insonderheit der Propaganda.

Die die Ostvölker betreffenden Ausführungen entsprechen den an die Obersten Reichsbehörden ergangenen Richtlinien des Reichsministers für die besetzten Ostgebiete (gemeint ist: Reichsminister Rosenberg /ZFI) über das Verhalten aller verantwortlichen Stellen zum Problem der Ostpolitik, insbesondere zur Frage der Behandlung der Ostvölker.

Heil Hitler!
gez. Dr. Goebbels
Reichspropagandaleiter Der NSDAP.

Persönlicher Stab Reichsführer-SS
Schriftgutverwaltung
Akt. Nr. Geh. / 171/23

Der Reichsführer-SS
Persönlicher Stab

Feld-Kommandostelle, 20. Febr. 1943

Tgb. Nr.: 36/62/43g.
Bra/Dr.

Betr.: Behandlung der europäischen Völker

G e h e i m !

SS-Gruppenführer B e r g e r
SS-Hauptamt
B e r l i n

Lieber Gruppenführer !

In der Anlage übersende ich ein Schreiben des Reichspropagandaleiters der NSDAP. Der Reichsführer-SS wünscht folgende Verteilung:

An alle

1.) Hauptämter
2.) Höheren SS- und Polizeiführer
3.) SS- und Polizeiführer
4.) Befehlshaber der Ordnungspolizei
5.) Befehlshaber der Sicherheitspolizei .

Das Begleitschreiben dazu soll den nachstehend aufgeführten Text haben:

" Anliegend übersende ich eine Bekanntmachung des Reichspropagandaleiters der NSDAP, die ich gerade im heutigen Zeitpunkt des Krieges für sehr wichtig halte. Sie ist von allen unseren Stellen strengstens zu befolgen. Im Vordergrund steht, dass der Krieg gewonnen wird.

gez.: H. Himmler"

H e i l H i t l e r !

SS-Obersturmbannführer

1 Anlage .

A b s c h r i f t

171/23

Reichspropagandaleiter NSDAP.

Berlin W 8, den 15. Februar 1943
Wilhelmplatz 8-9.

Geheim!

An alle
Reichsleiter
Gauleiter
Gaupropagandaleiter.

Betrifft: Behandlung der europäischen Völker.

Der Führer hat in seiner Proklamation zum 3o.Januar 1943 in eindeutiger Weise auf die Bedeutung des nationalsozialistischen Kampfes in der Vergangenheit, Gegenwart und Zukunft nicht nur für Deutschland sondern darüber hinaus für ganz Europa hingewiesen.

"Heute---.. erkennen wir aber erst ganz, was aus Deutschland und aus ganz Europa geworden wäre, wenn am 3o.Januar 1933 die Vorsehung durch den Reichspräsidenten Generalfeldmarschall von Hindenburg dem Nationalsozialismus die Macht nicht übertragen haben würde".

"Was wäre aus dem deutschen Volk und aus Europa geworden, wenn am 22.Juni 1941 nicht in letzter Minute die neue deutsche Wehrmacht ihren Schild vor den Kontinent gehalten hätte? Wer will glauben, daß die lächerlichen Garantien und ebenso belanglosen papierenen Erklärungen angelsächsicher Staatsmänner die Welt gerettet hätten vor dem Überfall durch eine Macht, die, wie es heute amerikanische Korrespondenten ruhig aussprechen, seit zwanzig Jahren nur ein Ziel hatte.....Europa zu überfallen und seine Kultur zu vernichten".

"......So gibt es auch heute nur diese beiden Alternativen: Entweder es siegen Deutschland, die deutsche Wehrmacht und die mit uns verbündeten Länder und damit Europa, oder es bricht von Osten her die innerasiatisch-

-2-

bolschewistische Welle über den ältesten Kulturkontinent herein, genau so zerstörend und vernichtend, wie dies in Rußland selbst schon der Fall war".

Hieraus ergeben sich für die Behandlung der außerhalb Deutschland lebenden europäischen Völker einschließlich der Ostvölker sowie für die Behandlung von Plänen des Reiches im Osten in Reden, Aufsätzen und sonstigen Veröffentlichungen folgende klare Forderungen:

1. Es müssen für den Sieg nicht nur alle noch irgendwie vorhandenen und verfügbaren Kräfte des deutschen Volkes mobilisiert werden, sondern die jener Völker, welche die bisher im Verlauf des Krieges von uns besetzten oder eroberten Länder bewohnen. Jede Kraft des europäischen Kontinents, also auch vor allem der Ostvölker, muß in den Kampf gegen den jüdischen Bolschewismus eingesetzt werden.

2. Die gesamte Propandaarbeit der NSDAP. und des nationalsozialistischen Staates muß daher darauf ausgerichtet werden, nicht nur dem deutschen Volk, sondern auch den übrigen europäischen Völkern einschließlich der Völker in den besetzten Ostgebieten und den noch bolschewistischer Herrschaft unterstehenden Ländern den Sieg Adolf Hitlers und der deutschen Waffen als in ihrem ureigensten Interesse liegend klarzumachen.

3. Es verträgt sich hiermit nicht, diese Völker, insbesondere die Angehörigen der Ostvölker direkt oder indirekt, vor allem in öffentlichen Reden oder Aufsätzen herabzusetzen und in ihrem inneren Wertbewußtsein zu kränken.

Mann kann diese Menschen der Ostvölker, die von uns ihre Befreiung erhoffen, nicht als Bestien, Barbaren

-3-

5

usw. bezeichnen und dann von ihnen Interesse am deutschen Sieg erwarten. Wie wir in der Kampfzeit in Deutschland zwischem dem System der demokratisch-marxistischen Parteien einerseits und den von ihnen irregeführten deutschen Menschen andererseits unterschieden haben, so muß auch jetzt immer nur die Bestie Stalin und die Bestialität des bolschewistischen Systems angegriffen werden, nicht aber die Völker, die von ihm unterworfen wurden.

4. Ebenso unangebracht ist eine Darstellung der künftigen Neuordnung Europas, aus der die Angehörigen fremder Völker den Eindurck gewinnen könnten, als ob die deutsche Führung sie in einem dauernden Unterwerfungsverhältnis zu halten beabsichtige.

Äußerungen, daß Deutschland im Osten Kolonien errichten und Kolonialpolitik treiben werde, das Land und seine Bewohner als Ausbeutungsobjekt betrachte, sind völlig verfehlt. Sie würden der Sowjetpropaganda nur eine willkommene Gelegenheit zu der Behauptung bieten, daß Deutschland die Völker des Ostens auf eine Stufe mit den Negern stelle. Dies würde bei der Bevölkerung wie bei den Sowjettruppen nur eine Stärkung des Widerstandswillens gegen die deutsche Wehrmacht und das Deutsche Reich zur Folge haben.

5. Ebenso abwegig ist es, von neuen deutschen Siedlungen oder gar Großsiedlungen und Landenteignung zu sprechen oder theoretische Aufsätze über die Frage zu verfassen, ob man die Völker oder den Boden germanisieren müsse. Gerade der nationalsozialistische Grundsatz, daß nur der Boden germanisiert werden kann, wird ohnehin von feindlicher Seite dahin ausgewertet, daß eine riesige Aussiedlung der Völker als Plan des Reiches verkündet werde. Der feindlichen, insbesondere

- 4 -

der Sowjetpropaganda darf hierzu keine Handhabe geboten werden, da auch hier das Ergebnis eine Stärkung des Widerstandswillens der Ostvölker wäre.

Erst recht kann eine Verschickung der alteingesessenen Bevölkerung nicht erörtert werden.

6. Demgegenüber ist bei allen sich bietenden Gelegenheiten der Freiheitswille, der Kampfwille gegen das bolschewistische Terrorregiment, wie er die von den Sowjets unterdrückten Völker beseelt, ihr Soldatentum sowie ihre Arbeitswilligkeit hervorzuheben. Als Beweis ist der Einsatz der Ostvölker in landeseigenen Truppenkontingenten, wie ihn der Wehrmachtsbericht bereits hervorhob, der Einsatz der Ostarbeiter im Reichsgebiet und die Arbeit anzuführen, durch die die Ostvölker in industriellen oder landwirtschaftlichen Betrieben ihrer Heimat unter deutscher Führung das Ihre für den Sieg, für die deutsche Rüstung und die Sicherung des Ernteertrages leisten.

7. Die besetzten Ostgebiete werden nach ihrer planmäßigen Zerstörung durch den Bolschewismus (entsprechend Stalins Befehl der verbrannten Erde) unter deutscher Führung wieder aufgebaut. Dies sichert mit den Reichtümern des Bodens Deutschland, ganz Europa und damit auch den im Osten lebenden Völkern die Nahrungs- und Rohstoffreiheit und den sozialen Aufstieg für alle Zukunft.

Alles, was die notwendige Mitarbeit allereuropäischen Völker, insonderheit der Ostvölker für den Sieg gefährdet, muß also unterlassen werden. Jede Entgleisung würde nur der Sowjetpropaganda die Handhabe geben, womöglich auf das Zeugnis führender Persönlichkeiten des Reiches hinzuweisen, welche die Knechtung der Völker des Ostens zum Ziele hätten. Jede Vorsicht

-5-

-5-

in Äußerungen hilft dagegen deutsches Blut sparen und den Sieg erringen.

Im Einvernehmen mit dem Leiter der Partei-Kanzlei bitte ich um strengste Beachtung aller dieser Folgerungen aus den Richtlinien des Führers im Gesamtbereich der Parteiarbeit und insonderheit der Propaganda.

Die die Ostvölker betreffenden Ausführungen entsprechen den an die Obersten Reichsbehörden ergangenen Richtlinien des Reichsministers für die besetzten Ostgebiete über das Verhalten aller verantwortlichen Stellen zum Problem der Ostpolitik, insbesondere zur Frage der Behandlung der Ostvölker.

Heil Hitler!
gez.Dr. G o e b b e l s
Reichspropagandaleiter
Der NSDAP.

F.d.R.:
gez.Unterschrift
Leiter des Verbindungsstabes.

F.d.R.d.A.:

[signature]
SS-Oberscharführer